AF303931

© 2026 Trinity*
Verlag:
BoD · Books on Demand GmbH,
Überseering 33, 22297 Hamburg,
bod@bod.de
Druck:
Libri Plureos GmbH,
Friedensallee 273, 22763 Hamburg
ISBN 978-3-7597-5853-8

Trinity*

Dualseelen

Wenn das Du
im Wir zerfließt
aus zwei Gedanken
einer nur noch sprießt

Der Körper sich
im eigenen Sein verliert
die Liebe dieses
Reigenspiel regiert

Dann ist die Zeit
der Spaltungen vorbei
und alles ist in
Wirklichkeiten frei

Irgendetwas fehlt

Wenn man ganz ehrlich mit sich ist und in stillen
Stunden in sich hineinhört, dann weiß man, dass
etwas fehlt.

Viele stellen sich diese Frage erst in
Lebenssituationen, in denen irgendetwas in
ihrem Leben nicht mehr so läuft, wie sie es gerne
hätten.

In dem Moment wird der Mensch vom Schicksal
dazu aufgefordert, sein Augenmerk auf das
Wesentliche zu richten, auf sich selbst.

Bis dahin war der Mensch auf der Flucht und
redete sich ein, dass sein Leben glücklich ist.

Er hatte das größte Trauma, das ihm widerfahren
ist, verdrängt.

Die Spaltung von sich selbst.

Der ursprüngliche Seinszustand
In ihrem ursprünglichen Seinszustand ist die
Einheit männlich und weiblich in einem.
Sie besteht aus ihrem Geist (♂) und ihrer Seele
(♀).
In diesem Zustand ist sie in ihrem vollen
Bewusstsein, ihrer vollen Liebesfähigkeit und
ihrer vollen Schöpferkraft.
Nur Geist und Seele zusammen sind göttlich.
Durch den Austausch ihrer Energien entsteht das
Göttliche in einem selbst.
Entsteht das ewige Licht, das göttliche Sein.
Jede Einheit ist durch dieses Sein mit allem Sein
verbunden.
Wahre Liebe entsteht nur durch den Austausch
dieser beiden Energien zueinander.
Sich selbst zu lieben, ist somit die Grundessenz
allen Seins.
Sich selbst zu lieben bedeutet als Seele, seinen
Geist zu lieben und als Geist, seine Seele zu
lieben. Ohne den jeweils anderen kann diese
Energie nicht erzeugt werden.
Der jeweils andere ist nötig, um Selbstliebe
überhaupt erst in Fluss zu bringen.
Fehlt die andere Hälfte, wird keine Selbstliebe,
zum anderen hin, in einem selbst erzeugt.
Es entsteht kein Kreislauf, kein göttlicher
Energiefluss.
Getrennt vom jeweils anderen, ist es deshalb
nicht möglich, wahre Selbstliebe zu leben.

Der Fall aus der Göttlichkeit
Trennt man nun so eine göttliche Einheit, dann
entsteht aus ihr zwei Teile, die als „Mann" und
„Frau" in der Materie ihr Dasein fristen müssen,
solange, bis sie ihre jeweilige andere Hälfte
wieder gefunden haben und ihre ursprüngliche
Form wieder annehmen können.
Wie aber ist es zu dem Fall aus der Göttlichkeit
gekommen?
Hierzu kann man die Geschichte von Adam und
Eva heranziehen, die im Ansatz richtig ist, sich
jedoch in einigen Aussagen von der
ursprünglichen Wahrheit entfernt.
Sie hat sich diesbezüglich nicht ganz so
zugetragen, wie es der gespaltene männliche Teil
zu Papier gebracht hat.
In einer Rückblende durfte ich selbst noch
einmal meine eigene Spaltung erleben.
Deshalb hier jetzt die Geschichte von Adam und
Eva, wie sie sich wahrhaftig zugetragen hat.

Am Anfang befand sich die Einheit in absoluter
Liebe zueinander. Sie war glücklich, göttlich und
genügte sich selbst.
Sie kannte keine Dunkelheit, keine Schwere und
keine Last. Ihr Sein war erfüllt, voller Liebe und
Ausgeglichenheit.
Es war ein allumfassender, glückseliger Zustand.
Plötzlich jedoch und unerwartet tauchte eine
Energie, außerhalb ihrer selbst, auf und redete
der Einheit ein, dass es eine geistige und

seelische Bereicherung für sie wäre, wenn der
Geist seine Seele mit Dritten teilen würde.
Während der Geist für diesen Vorschlag offen
war, fühlte die Seele jedoch Unbehagen bei
diesem Gedanken.
Sie wollte sich nicht mit Dritten teilen und
empfand diesen Gedanken daran auch als Verrat
an ihrer Einheit.
Ihr männlicher Teil sah das jedoch anders als sie,
denn schließlich wurde dieser Gedanke in ihn
gepflanzt.
Er konnte nicht mehr anders.
Das war der Seele zum damaligen Zeitpunkt
jedoch nicht bewusst.
Sie empfand diesen Gedanken einzig und alleine
als Verrat an ihrer Einheit, der in ihr einen tiefen
Schmerz auslöste.
Ihr Geist jedoch bekam davon erst einmal nichts
mit, sondern er setzte diesen Gedanken sofort in
die Tat um.
Er stellte seine Seele dritten Energien vor und
diese machte erst einmal gute Miene zum bösen
Spiel.
Sie fühlte sich jedoch nicht gut dabei und dieses
Gefühl steigerte sich noch, da dieser Zustand
nicht ihrem ursprünglichen Sein entsprach.
Sie fühlte sich erniedrigt und ungeliebt von
ihrem Geist und deshalb konnte sie auch nicht so
bis in alle Ewigkeiten weitermachen.
Mit jedem Moment, in dem dieses Schauspiel
andauerte, fühlte sie sich schlechter, bis sie es

schließlich nicht mehr länger aushielt.

Sie konnte das mittlerweile erkaltete Verhalten ihres Geistes nicht mehr ertragen.

Seine Liebesbekundungen waren nicht mehr so klar und rein, wie sie es noch am Anfang ihrer Beziehung waren.

Sie erreichten nicht mehr ihr Herz.

Stattdessen funkelte ihr Geist in allen negativen Charaktereigenschaften, die man sich nur vorstellen konnte.

Vom Zynismus angefangen, bis zum Sarkasmus, bis hin zur Blendung und Selbstherrlichkeit war alles dabei.

Es waren Schwingungen, die sie so nicht länger ertragen konnte.

Ihr wurde durch die Veränderung ihres Geistes sprichwörtlich der Boden unter den Füßen weggezogen und sie fühlte sich wie im freien Fall.

Nichts mehr von all dem, was sie vorher an Glück, Liebe und vollkommenem Sein hatte, war mehr vorhanden. Um sie herum herrschten nur noch Einsamkeit, Kälte und Dunkelheit.

Sie hatte ihre Heimat verloren. Sie hatte sich selbst verloren. Ihr wurde bewusst, dass in diesem Zustand ihrer Veränderung keine Anknüpfung mehr an das ewige Sein möglich war. Sie spürte, dass nur eine räumliche Trennung ihren jetzigen Zustand wieder rückgängig machen konnte oder anders ausgedrückt, sie hatte einfach keine Kraft

mehr, diesen unglückseligen Zustand noch
länger aufrechtzuerhalten.
Deshalb trennte sie sich von ihrem Geist, was ihr
jedoch nur mit Hilfe von Dritten gelang, die
ihrem Geist zuredeten, dass es anders nicht mehr
ging.
Sie selbst hatte nicht die Kraft, den spaltenden
Gedanken rückgängig zu machen.
Nur die Erfahrungen, die durch ihn entstanden,
konnten die Trennung wieder aufheben.
Die Erfahrungen, die der Geist aufgrund der
Trennung von seiner Seele machen musste, um
den Schmerz seiner Seele über seinen Verlust zu
begreifen.
Erst als sich seine Seele von ihm trennte, spürte
auch er den Schmerz, den sie zuvor schon fühlte,
nämlich den Schmerz des Verlustes über die
Einheit.
So machten sie sich getrennt voneinander auf
den Weg.
Auf den Weg der Selbsterkenntnis, dass eine
Teilung der Seele mit Dritten nicht möglich war,
ohne die eigene Göttlichkeit dabei zu verlieren.

Die Ersatzpersönlichkeit
Die Ersatzpersönlichkeit ist der gespaltene
Mensch. Ist die Hälfte einer Einheit.
Ist Adam oder Eva. Dies ist der
Ersatzpersönlichkeit jedoch nicht bewusst.
Durch den Schmerz der Spaltung und das daraus
resultierende Trauma konnten sich weder der
Geist noch die Seele an ihre Spaltung erinnern.
Sie verdrängten das ganze Geschehen.
Stattdessen redeten sie sich ein, dass sie so in
ihrer gespaltenen Form bereits ganz seien, da sie
aufgrund ihrer Gespaltenheit auch gar nicht mehr
die Möglichkeit hatten, ihr wahres Sein zu
erkennen. Ihnen fehlte schlicht und ergreifend
ihre andere Hälfte, um mit dieser ihr komplettes
Bewusstsein und ihre komplette Liebesfähigkeit
zu entfalten.
Sie bildeten in ihrem gespaltenen Zustand nur
noch ein Minimum ihres ehemaligen Seins.
Alles, was sie an ihre eigene Spaltung erinnerte,
wurde unterdrückt, bekämpft und aus dem
Umfeld verbannt, da die Erinnerung an die
eigene Spaltung und der dadurch aufkommende
Schmerz noch nicht zu ertragen waren.
Somit lebt der gespaltene Mensch keine
wahrhafte Liebe, sondern er spielt sie nur nach.
Das, was ihn wirklich in Liebesfluss bringt, ist
nicht mehr bei ihm. Er projiziert seinen
Anschein von Liebe auf alles was er findet und
redet sich ein, wenn er nur so viel wie möglich
und alles in seinem Umfeld liebt, dass

dadurch dann wieder der Energiefluss entsteht, der ihn zu sich selbst werden lässt.

Das ist jedoch ein Trugschluss, da er mit niemandem einen wirklichen Energiefluss erzeugen kann, sondern ihm das ausschließlich mit seiner eigenen anderen Hälfte gelingt.

In seiner Illusion redet er sich ein, dass das Wechseln von Emotionen mit anderen bereits dieser Energiefluss wäre.

Am Nächsten kommt er dabei dieser Erinnerung von sich selbst, wenn er in einer Verliebtheitsphase steckt.

Dies sind die emotionalen Highlights seines Lebens, die jedoch schnell wieder abflauen und auf die er dann trotzdem sein ganzes Leben mit dem anderen aufbaut.

Obwohl er nicht mehr in der Lage ist, wirkliches Bewusstsein zu erlangen, geschweige denn Liebe, glaubt der gespaltene Mensch dennoch in seiner Illusion von sich selbst, dass es ihm dabei an nichts mangelt.

Seine Beziehungen sieht er als göttlich an und sein Bewusstsein als nicht mehr erweiterbar.

Er fühlt sich in jeder Minute seines Lebens göttlich. Deshalb reagiert er auch so emotional, wenn ihn jemand oder etwas daran erinnert, dass dem nicht mehr so ist.

Alles wahrhaft Gute wird dadurch systematisch bekämpft, da es ihn zu sehr an seine Spaltung von sich selbst erinnert und an die Tatsache, dass er nur in einer Illusion von sich selbst lebt.

Das Gute, also die wahre Liebe, betrachtet er
deshalb als etwas Böses, dem er ausweichen
will. Dadurch wird er automatisch zum Anbeter
des Bösen, das er nun für gut hält.
Alles, was ihm hilft, seinen Schmerz der
Spaltung nicht erkennen zu müssen, wird
gefördert.
In einem absoluten Kontrollwahn wird versucht,
das eigene Umfeld, durch Gewalt, den eigenen
Illusionen anzupassen.
Sich Macht über sein Umfeld anzueignen, ist
deshalb das höchste Ziel einer jeden
Ersatzpersönlichkeit.
Man kann jedoch nicht auf Dauer sein Leben auf
einem Schmerz aufbauen, sondern er wird
immer wieder durchbrechen, und zwar dann,
wenn Dinge im Leben geschehen, die den
Menschen aus seinen Illusionen reißen, weil er
sie so mit seiner Ersatzpersönlichkeit nicht
geplant hat und die ihn deshalb daran erinnern,
dass er noch nicht göttlich ist, da das Paradies ja
bekanntlich ewig dauert.
Jeder Tod, der immer wiederkehrende eigene
und das damit verbundene Loslassen alles
sinnlos Angehäuften aus der Materie, genauso
wie der eines nahestehenden Menschen, ist die
Sichtbarmachung des eigenen Todes und unseres
Verlustes von uns selbst.
Jeder körperliche Schmerz ist die Erinnerung
und Manifestation unseres eigenen verdrängten
Schmerzes.

Es ist ein Kampf, den die Ersatzpersönlichkeit
nicht gewinnen kann, da jeder Mensch ein
Träger dieser Erinnerung an sich selbst ist und
alles in ihm automatisch immer und zu jeder
Zeit, trotz oder gerade wegen seines Schmerzes,
hin zu seiner Einheit mit sich selbst strebt.
Deshalb kann niemand diesen Mechanismus
aufhalten.
Egal, wie viel Macht er sich auch immer
aneignen mag.

Die Materie

Die Materie ist durch die Spaltung der Einheit
entstanden.

Sie bildet in ihrer Polarität den Träger für die
Zweigespaltenen und sorgt dafür, dass sie hier
ihre Erfahrungen bezüglich ihrer eigenen
Spaltung machen können oder anders
ausgedrückt, für einen Gespaltenen gibt es
keinen anderen Platz mehr im Universum.

Er muss so lange in die Materie, bis er seine
Gespaltenheit wieder aufgehoben hat.

Die Materie ist die verkörperte Form der
Spaltung und durch ihre Polarität verleiht sie
dem Ausdruck, wie zum Beispiel durch „Gut
und Böse", „Heiß und kalt", „Tag und Nacht",
„Leben und Tod".

Sie drückt den gleichen zweigespaltenen
Zustand aus, wie die Gespaltenen selbst und ist
somit ebenfalls dem Vergänglichen unterworfen
und nicht dem ewigen Sein.

Sie schwingt genauso niedrig wie die
Gespaltenen selbst und deshalb ist beiden ewiges
Leben in dieser gespaltenen Form auch nicht
möglich.

Der Beweis der eigenen Spaltung

Im Grunde ist der gespaltene Mensch selbst der Beweis seiner eigenen Spaltung, durch den gespaltenen Ausdruck seiner selbst.

Er kommt als Mann oder Frau auf die Welt und zeigt damit, dass er nur einen Teil von sich selbst verkörpert.

Der Mensch müsste sich eigentlich nur ansehen, um seine eigene Spaltung zu erkennen.

Die Materie drückt exakt das aus, was wir sind, nämlich die Hälfte eines Ganzen.

Entweder der männliche oder der weibliche Teil.

Dieser Umstand müsste dem Gespaltenen eigentlich aufzeigen, dass er gespalten wurde und nicht mehr göttlich ist, da das Göttliche männlich und weiblich in einem repräsentiert.

Sein momentaner Körper ist der Garant dafür, dass er gespalten wurde.

Tagtäglich wird er durch seinen Körper daran erinnert.

Er wird daran erinnert, wenn er nicht alleine in der Lage ist, Leben zu erschaffen und er wird daran erinnert, wenn er sich einen Partner nimmt, weil er damit seine Ganzheit wieder herstellen will.

In allem, was er tut und was er sieht, wird er an seine Spaltung erinnert.

Er spielt mit jedem neuen Partner das Prozedere seiner tatsächlichen Zusammenführung mit sich selbst durch, bis es letztendlich zum Schluss auch mal wieder wirklich klappt.

Wüsste der Mensch unbewusst, dass er so in seinem jetzigen Zustand schon ganz und somit göttlich wäre, hätte er keine Ergänzung seiner selbst mehr nötig und würde sie auch nicht so verzweifelt anstreben.

Die Mehrheit der Menschen würde das leben, was sie denken in ihrer Illusion zu sein, nämlich Single.

Sie bräuchten für ihr Glück keinen Partner mehr, da sie sich selbst so genügen würden, in ihrer Ganzheit.

So zeigt im Grunde die komplette Menschheit mit ihrem Verhalten im Kleinen auf, dass es eine Dualseele gibt, die erst zur eigenen Göttlichkeit führt.

Ansonsten müsste der Mensch in seiner Illusion, bereits ganz zu sein, seinem jeweiligen Partner klipp und klar sagen, dass er ihn eigentlich nicht bräuchte, um glücklich zu sein und dass er sich auch ohne ihn schon voll und ganz selbst genügt.

Der Irrglaube der Ersatzpersönlichkeit
In seiner Abgespaltenheit vom Leben sieht die
Ersatzpersönlichkeit nur noch sich selbst und
lebt vollkommen isoliert und einsam von allem
Sein.
Ihr einziger Antrieb ist nur noch, ihre Illusion
von ihrer Göttlichkeit gegenüber dem Rest
durchzusetzen.
Sie stellt sich und ihre Illusion als das alleinige
Göttliche im Universum dar, dem sich alle
anschließen müssen, wenn nötig mit Gewalt.
Deshalb können aus dieser Illusion heraus Götter
entstehen, die vor Krieg, Mord und Totschlag
gegen andere nur so triefen.
Götter, die ihren Gläubigen noch einreden, ins
Paradies zu kommen, wenn sie nur genügend
Ungläubige töten, die ihre Illusion über ihre
Göttlichkeit anzweifeln.
Es gibt einen alleinigen Gott im Universum, das
Göttliche im Universum, dem jedoch alle
angeschlossen sind.
Alle sind Teil dieses Göttlichen, selbst wenn sie
aus ihrer Göttlichkeit geschmissen wurden,
durch ihre Spaltung von sich selbst.
Sie haben momentan keinen Anschluss an das
Göttliche, sind aber dennoch ein Teil von ihm.
Alle anderen deshalb durch einen
Selbsterhöhungsakt dafür zu benutzen, die
eigene Göttlichkeit zu bestätigen, wenn nötig
auch mit Gewalt, ist gespalten.

Der Verrat an der göttlichen Einheit
Durch den Schmerz, der durch die Spaltung
entstanden ist, wollen beide Teile unabhängig
voneinander sein.
In einem absoluten Verdrängungsprozess wird
die andere Hälfte erniedrigt, ihr Wert gemindert
und sich ihr gegenüber erhöht.
Ganze Religionen wollen der Menschheit
weismachen, dass man auch ohne seine andere
Hälfte zurück ins Paradies kommt.
Da genügt ein Erlöser für alle oder man muss
nur bestimmte Regeln befolgen und man schafft
es wieder zurück.
Adam wurde jedoch nicht alleine aus dem
Paradies geworfen, sondern zusammen mit Eva
und deshalb kommt er auch nur zusammen mit
Eva wieder zurück ins Paradies.
Ende wie Anfang.
Erst wenn die Einheit wieder zu AdamEva wird,
ist sie in der Lage, wieder ihren Platz im
Paradies einzunehmen.
Adam alleine wird der Zugang zum Paradies
verwehrt, genauso wie Eva alleine.
Beide müssen sich wieder finden und wieder zu
ihrer ursprünglichen Einheit werden, damit
ihnen der Zugang zum Paradies wieder offen
steht, da im Paradies nur Einheiten existieren
können, keine Gespaltenen.
Da der Gespaltene sich aber nicht eingestehen
will, dass er gespalten wurde, glaubt er, auch
ohne seine andere Hälfte wieder zurück ins

Paradies zu kommen.

Wer propagiert, dass man nur seinen eigenen geschlechtlichen Teil vergöttern muss, um wieder seine Göttlichkeit zu erlangen, der begeht Verrat an seiner Einheit.

Der begeht Verrat an seinem weiblichen Teil. Erst wenn der männliche Teil auf diesem Planeten begreift, dass er sich selbst nicht erlösen kann, sondern für seine Erlösung seine andere weibliche Hälfte benötigt, kann Frieden zwischen der Einheit entstehen.

Bis dahin herrscht absoluter Krieg zwischen der Menschheit.

Wer als männlicher Teil Erlöser anbetet, Propheten verherrlicht, Fußballspielern nacheifert, Götter verehrt, Väter auf den Thron setzt, Kapitalisten bestätigt und jegliche gespaltene Form der männlichen Energie in den Himmel hebt, der wird sein Glück nicht finden.

Wer die weibliche Energie bis auf ein Minimum herabgestuft, ihr keine Ressourcen als Lohn für ihre Mutterrolle gewährt, sie mit Gewalt zur Ehe zwingt, ihr Kinder aufdrängt, die sie so gar nicht haben will und ihr die Ressourcen zum Überleben so streitig macht, dass sie zur Hure wird, der muss sich über einen ständigen Aufenthalt in der Hölle nicht weiter wundern.

Durch so eine Herabstufung des weiblichen Teils, zieht der männliche Teil seinen Aufenthalt in der Hölle nur in die Länge.

Vom Unterbewusstsein gesteuert
Der Mensch glaubt von sich, dass er ein
bewusstes Wesen ist, doch das ist er nicht.
Der Mensch wird vollkommen von seinem
Unterbewusstsein geführt, was man an
folgendem Beispiel erkennen kann.
Wenn sie einen Menschen fragen, ob er
tierlieb ist, Mitgefühl besitzt und
Einfühlungsvermögen, dann werden ihnen
die meisten Menschen mit "Ja" antworten.
Das kommt daher, dass sich diese Menschen in
Wirklichkeit gar nicht selbst kennen.
Der Mensch gibt diesbezüglich nur eine
Pauschalantwort, um sich mit seinem
tatsächlichen Sein nicht auseinandersetzen zu
müssen, nämlich dass er gespalten ist.
Schauen wir uns nun aber einmal seine
tatsächliche Handlungsweise an.
Ist er wirklich tierlieb, besitzt er wirklich
Mitgefühl und Einfühlungsvermögen?
Natürlich nicht!
In Wirklichkeit ist er genau vom gegenteiligen
Wesen geprägt. Er versklavt, erniedrigt und
entwürdigt ganze Rassen von Tieren und
züchtet sie nur für seinen eigenen persönlichen
Genuss.
Es wäre für ihn ein absolut leichtes, so viel Leid
auf diesem Planeten zu verhindern, er müsste
nur seine Essgewohnheiten umstellen.
Das würde ihm nur ein Lächeln kosten und er
hätte anstatt des Grundmaterials "Fleisch",

einfach ein anderes Grundmaterial auf dem Teller, wie zum Beispiel Lupinen, Soja oder Weizen, aus dem sich fast das Gleiche herstellen ließe wie aus Fleisch.
Er würde geschmacklich nicht einmal einen großen Unterschied feststellen, wie man an Experimenten diesbezüglich feststellen konnte.
Er müsste sich also noch nicht einmal groß einschränken und könnte genauso weiterleben wie bisher, könnte dabei aber massenhaftes Tierleid verhindern.
Macht er das? Nein!
Stattdessen verdrängt er seine eigene Handlung und ignoriert, dass er mit dem Schwein zum Beispiel ein intelligenteres Tier verspeist wie seinen eigenen Hund oder seine eigene Katze.
Kann man von so einem Menschen dann noch von einem Tierliebhaber sprechen?
Natürlich nicht!
Man kann bei so einem Menschen überhaupt nicht mehr von einem Menschen sprechen, der viel Mitgefühl und Einfühlungsvermögen besitzt, sondern hier ist ein Mensch am Werk, der ein Übermaß an Rohheit gegenüber seinem Umfeld an den Tag legt und der es dadurch in eine Hölle verwandelt.
Durch die eigene Selektion, hinsichtlich der Spezies auf diesem Planeten welchen man Leid zufügen darf und welchen nicht, halten sich diese Menschen an dem Bild fest, welchen Spezies sie dieses Leid ersparen.

Ihr erschaffenes Leid wird verdrängt oder durch
Ausreden gerechtfertigt.
Ihr Mitgefühl geht nur so weit, wie es dem
eigenen Ego und den damit verbundenen Zielen
nicht schadet.
Spricht man sie auf ihr gespaltenes Verhalten
an, verstehen sie die Welt nicht mehr, denn
immerhin passt das nicht in ihr Bild, das sie sich
von sich selbst erschaffen haben, um sich mit
ihrer eigenen Gespaltenheit nicht
auseinandersetzen zu müssen.
Jegliche Konfrontation mit dem von ihm
erschaffenen Leid wird vermieden.
Der Mensch könnte jederzeit auf diese
Informationen hinsichtlich seines
Fehlverhaltens gegenüber anderen Lebewesen
zurückgreifen, um sich etwas besser
kennenzulernen, doch das ist von seinem Ego
nicht vorgesehen.
Seine Ersatzpersönlichkeit gaukelt ihm lieber
ein Bild von sich selbst vor, um die Kontrolle
über seine lebensverachtenden Handlungen,
gegenüber sich selbst und anderen, weiterhin
aufrechterhalten zu können.

Die Hölle der Materie

Bereits ab seinem ersten Schrei befindet sich der Mensch in einer Abhängigkeit zu anderen.

Er ist kein freier Mensch, der vollkommen unabhängig von anderen existieren kann, sondern er ist immer auf die Hilfe von anderen angewiesen.

Alleine das müsste ihm aufzeigen, dass er nicht göttlich ist, denn das Göttliche existiert frei aus sich selbst heraus und benötigt keine Energie von außen, um existieren zu können.

Es ist von keinerlei Hilfe durch andere abhängig, aber vor alledem scheißt es nicht in die Windeln. Es produziert überhaupt keine Scheiße in keinerlei Form.

Das alleine müsste dem gespaltenen Menschen zu denken geben, dass er sich so momentan noch nicht im Paradies befindet und in dieser Form noch nicht göttlich ist, denn im Paradies gibt es keine Scheißhaufen, die fürchterlich stinken.

Es ist die Gespaltenheit, die absolut niederste Schwingung, die diesen Gestank erst produziert. Wir stinken aus uns selbst heraus, weil wir gespalten sind.

Man muss den gespaltenen Menschen nur durchleuchten, um zu sehen, dass er tagtäglich Scheiße produziert und sie tagtäglich mit sich herumschleppt.

Die Materie zeigt diesbezüglich alles wunderbar auf.

Da kann der Mensch noch so versuchen, sich

von seiner eigenen Scheiße zu befreien.
In seiner Gespaltenheit produziert er tagtäglich
immer wieder neue.

Abhängigkeitsverhältnisse

Abhängigkeitsverhältnisse, wie zum Beispiel die zu unseren Eltern, beruhen nie auf wahrer Liebe, sondern immer nur auf Macht.

Alleine schon aus diesem Grund können wir kein gesundes Verhältnis zu unserem Umfeld aufbauen, denn wir sind durch existenziellen Zwang mit ihm verbunden. Die Umstände zwingen uns, mit anderen Menschen zusammen zu sein, sonst könnten wir hier nicht überleben. Beziehungen, die jedoch auf Zwang aufgebaut sind, beinhalten keine wahre Liebe, sondern immer nur den Schein dessen.

So wird der Mensch schon von Anfang an daran erinnert, dass etwas nicht stimmt.

Die anderen zeigen ihm sehr klar und deutlich auf, dass sie ihn nicht für göttlich halten und er sich so auch noch nicht im Paradies befindet.

Die Gewalt fängt durch die Eltern an, die ihre Kinder an ihre Egovorstellungen anpassen wollen.

Durch Drohgebärden des Vaters und der Mutter, durch emotionale Erpressungen, durch Liebesentzug wird dem neuen Erdenbürger sehr schnell aufgezeigt, in welchen von den Eltern gesteckten Grenzen er sich bewegen darf, damit er ihre Illusionen über ihr selbst gebasteltes Paradies nicht ankratzt. Da der existenzielle Druck zu groß ist, hat er keine andere Wahl, als sich so schnell wie möglich diesen Umständen emotional und verstandesmäßig anzupassen.

Die Kraft, diese Prägungen noch einmal zu verlassen, hat er nicht und schon nach kürzester Zeit wird er das sein, was er durch andere sein soll, nämlich ein Mensch, der seine eigenen Gefühle und Gedanken nicht lebt.

Dies wird ihm von klein auf beigebracht, um die Illusionen der anderen nicht zu gefährden.

Er muss ein Gefühlskünstler werden, der schon im Vorfeld erfühlt, was der andere hören will, denn nur so kann er den Gewaltattacken der anderen entgehen.

Tut er das nicht und fängt an, seine eigenen Gefühle und Gedanken zu spüren und zum Ausdruck zu bringen, dann ist das eine Kriegserklärung an sein Umfeld, das darin nicht mehr die eigenen Illusionen bestärkt sieht.

Dies betrachtet ihn dann als Feind, der massiv durch negative Emotionen bekämpft werden muss. Je mehr bei seinem Gegenüber noch ein Ego vorhanden ist, desto weniger darf er seine Gefühle und Gedanken ausleben, desto kleiner ist das Gefängnis, in dem er sich selbst bewegen darf. Hält er sich nicht daran, dann wird er ständig und permanent Opfer von Menschen, die es nicht gerne sehen, wenn andere auch Gefühle und Gedanken haben, die sie zum Ausdruck bringen und so ihre eigene Persönlichkeit leben. Hat man Menschen mit einem großen Ego in der eigenen Familie, dann kann man in der Regel bis zum eigenen Tode nie wirklich sich selbst leben.

Man ist eine ständige Marionette, die sich nach den Empfindungen und Gedanken anderer richtet, weil man sonst Angst vor deren Wutausbrüchen und negativen Emotionen hat.
Wenn man Glück hat, hat man in seinem Umfeld ein paar Menschen, mit denen man zumindest halbwegs normale Gespräche führen und somit auch seine Meinung sagen darf.
Ist das Gegenüber noch zu sehr von seinem Schmerz geprägt, geht diesbezüglich gar nichts.
Für ihn ist das Ausleben der eigenen Meinung eine Kriegserklärung.
Man wird automatisch zu dessen Todfeind erklärt, egal wie belanglos und banal auch immer die Auslebung der eigenen Persönlichkeit war.
Der Gewaltmensch fühlt sich dadurch extrem ungeliebt und deshalb reagiert er extrem auf jede Abweichung von dem, was er selbst glaubt, was der andere fühlen und sagen darf.
Für ihn ist man dann der Todfeind Nummer eins.
Er wird einen als Teufel ansehen, der es gewagt hat, sich selbst zu leben.
Das Abweichen von seinen eigenen Illusionen erinnert ihn an seine Spaltung, was abgrundtiefen Schmerz und Selbsthass erzeugt.
Über Tage, Wochen, Monate, Jahre oder das ganze Leben hinweg wird er dann den anderen als schlechten Menschen hinstellen.

Die weltweit gelebte Gewalt
Egal, wo wir hinschauen, überall herrscht
Gewalt auf diesem Planeten.
Alle Menschen werden weltweit von ihrem
Schmerz der Spaltung geführt und genau aus
diesem Grunde herrscht hier in der Materie auch
so viel Gewalt.
Unsere Illusion von uns selbst
aufrechtzuerhalten, gegenüber der Realität, ist
gelebte Gewalt gegen uns selbst.
Mit aller Gewalt wollen wir unser wahrhaftiges
Sein verdrängen, weil wir in der Verurteilung zu
uns selbst leben.
Wir fühlen uns von unserem anderen Teil nicht
mehr geliebt. Das führt dazu, dass wir auch den
anderen Teil nicht mehr lieben.
Somit befinden wir uns in einem
Teufelskreislauf.
Deshalb leben wir mit aller Gewalt gegen uns
selbst. Wir lassen uns alles von jedem gefallen,
Hauptsache er hilft uns dabei, vor uns selbst
davonzurennen. Wir lassen uns vergewaltigen,
uns anlügen, vergewaltigen selbst und leben
Gewalt, weil wir uns selbst ablehnen.
Wir verachten uns, wir hassen uns.
Wir wollen alles, nur nicht mehr denjenigen, der
uns den größten Schmerz in der Geschichte der
Menschheit beschert hat.
Schlimmer kann es auch mit dem Teufel nicht
mehr kommen, denn der kann uns nicht so sehr
verletzen wie unsere Dualseele.

Die Hierarchie der Gespaltenen
Man könnte meinen, dass der Beste in einer
Gruppe die Fäden zieht, doch es ist immer
umgekehrt.
Egal, ob in der Familie, im Berufsleben oder in
der Weltherrschaft, der Schlechteste kommt an
die Spitze.
Dieser dominiert alle anderen, weil er
durchtriebener, manipulativer, machtversessener,
skrupelloser, verlogener, gewalttätiger und
raffinierter ist, als alle anderen in seinem
Umfeld.
Je friedvoller ein Mensch ist, desto mehr wird er
sich diesen Energien beugen, weil er Harmonie
sucht und hofft, mit seinem Einlenken, diese in
seinem Umfeld zu erzeugen.
Auf diesem Irrtum baut sich der Gewalttätigere
sein Imperium auf.
Er benutzt die Friedfertigkeit der anderen, um an
ihnen Gewalt auszuleben, weil diese in ihrer
Gespaltenheit glauben, ihn lieben zu müssen.
So werden die Friedfertigsten in seinem Umfeld
unterjocht und klein gehalten, weil sie ihm am
meisten seine eigene Negativität und somit
Gespaltenheit aufzeigen.
Egal, ob es in der Weltwirtschaft ist, im
Berufsleben oder in den Familien.
Immer bilden sich Hierarchien, an deren Spitze
der Pyramide der Gewalttätigste sitzt und ganz
unten der Friedfertigste.

Die Anpassung

Bereits in der Kindheit werden wir durch Gespaltene verführt. Das fängt bei den Eltern an, die gerne auch einmal zum eigenen Kind im Sandkasten sagen: „Schlag zurück“ oder „Wehr dich“. In dem Moment fordern uns die Eltern auf, Gewalt anzuwenden und sind somit unsere Verführer hin zur Gewalt.

Das Kind, das uns Gewalt angetan hat, hat somit gewonnen, egal, wie sehr wir zurückschlagen, denn es hat uns zu einem Gewaltmenschen gemacht.

Es hat seine eigene negative innere Energie dadurch gestärkt, indem es uns damit verführt hat. Jetzt fühlt es sich besser. Vorher war man ihm nicht gewalttätig genug und somit überlegen. Weil man nicht so negativ besetzt war wie er. Unsere eigenen Eltern halfen ihm dabei, das zu ändern. So ziehen sich diese Verführungen durch das komplette Leben.

In den allermeisten Gruppierungen ist man erst dann wirklich aufgenommen, wenn man gezeigt hat, dass man ein Gewaltmensch wurde.

Erst dann wird man als gleichwertig akzeptiert. Alle anderen sind, in den Augen der Gewaltmenschen, Verlierer. Je friedfertiger der Mensch ist, desto mehr leidet er unter dem Zwang, Gewalt auf andere ausüben zu müssen. Je mehr spürt er die Diskrepanz zwischen dem, was er fühlt und dem, was ihm die anderen aufgezwungen haben.

Aus der Gewalt befreien
Wir haben die Wahl, uns aus den
Gewaltstrukturen der anderen zu befreien, indem
wir sie nicht mehr zu unserer eigenen Realität
machen.
Dazu muss uns bewusst werden, was Gewalt ist,
wie sie sich äußert und wie wir durch sie
agieren, um sie durch dieses Wissen in den Griff
zu bekommen.
Wir müssen uns und unser Umfeld im Grunde
ständig und permanent selbst analysieren.
Je mehr wir unser eigenes Verhalten und das der
anderen beleuchten, desto mehr werden wir Herr
über unsere Gewaltaktionen, die durch Angst
und Prägung hervorgerufen werden.
Dazu ist es nötig, in die Ruhe zu kommen, denn
die Ruhe verschafft uns die Möglichkeit, aus
unserer Angst herauszutreten.
Je weniger Gewalt um uns herrscht, desto mehr
Ruhe finden wir.
Je mehr Ruhe wir finden, desto weniger Gewalt
leben wir.
Uns sollte bewusst werden, welche Menschen in
unserem Umfeld noch massiv gegen sich selbst
und gegen andere Gewalt anwenden und uns von
solchen Menschen distanzieren.
Wir müssen diesbezüglich Grenzen zu ihnen
ziehen, da Grenzen die einzige Möglichkeit sind,
um uns vor Gewalt zu schützen.

Die Ablehnung

Es ist kein Wunder, dass männliche sowohl auch weibliche Energien sich ablehnen, und zwar immer dann, wenn sie nicht der wahren Liebe begegnet sind.

Ablehnung ist deshalb keine Seltenheit, sondern die Regel.

Ablehnung erfolgt immer innerlich.

Man kann zwar diese innerliche Ablehnung durch Gewalt ignorieren, doch durch Gewalt wird man sie nicht los.

Man kann durch Gewalt keine Annahme erzwingen. Man kann nur wie bei einem dressierten Pferd dessen Annahme der Dressur als Liebe werten, um sich selbst dabei nicht schlecht zu fühlen.

Dressur ist jedoch kein Zeichen von Liebe, sondern von Gewalt.

Das Opfer der Gewalt wird es irgendwann auch als „Liebe" interpretieren, um so weiterleben zu können.

Die Aufgabe von sich selbst und der damit verbundene Tod werden so als zwischenmenschliche Verbindung der Liebe gewertet. Hier wird jedoch nur mit Gewalt die heilige Ehe nachgespielt.

Das, was eigentlich durch wahre Liebe entsteht, nämlich sich freiwillig und von ganzem Herzen dem anderen hinzugeben und sich selbst dabei zu finden und zu verlieren, existiert in Egobeziehungen nicht. Es kann kein wahrer

Austausch stattfinden und damit ist nicht das Zeugen von Kindern gemeint, sondern die Verschmelzung von Geist und Seele zu einer Einheit. Dieses Wunder der Natur findet erst dann statt, wenn sich zwei Teile eines Ganzen wieder gefunden haben.
Alle anderen Verbindungen sind eine ständige und andauernde Ablehnung.
Durch diese Ablehnung jedoch demütigt sich der Mensch nur selbst.
Er will mit jemandem etwas erreichen, was einfach nicht zu erreichen ist.
Das frustriert, zerrt auf und macht müde.
Dadurch entstehen Krankheiten, noch mehr Gewaltakte und alles Leid auf diesem Planeten.
Der Verlust von sich selbst und das daraus entstehende schwarze Loch neben einem, verschlingt jedoch alle Ersatzbefriedigungen und Personen, mit dem man es füttert.
Vollkommen gnadenlos bleibt am Ende immer nur das schwarze Loch übrig. Da die männliche Energie den willensstärkeren Teil der Einheit repräsentiert, dauert es dementsprechend länger, bis er kapituliert. Hier wird der männlichen Energie seine Stärke zum Verhängnis.
Es ist jedoch diese Ablehnung von anderen, die uns letztendlich zu unserer Dualseele führt, weil wir durch diese Ablehnung nicht bei ihnen und somit in unseren Illusionen verweilen, sondern uns dadurch weiter auf die Suche nach unserer Dualseele begeben.

Enttäuschte Erwartungen
Wir erwarten von jedem, in den wir unsere
Gefühle investieren, dass er so handelt wie
unsere Dualseele.
Selbstverständlich kann niemand diese
Erwartungen erfüllen, außer unsere Dualseele.
Wenn wir Emotionen bekommen, weil unser
Gegenüber nicht so handelt, wie wir es uns von
ihm wünschen, dann kann er nichts dafür, er ist
lediglich ein Opfer unserer eigenen Projektion.
Er wird, kann und muss uns enttäuschen, weil er
uns damit signalisiert, dass er nicht unsere
Dualseele ist.
Er kann gar nicht anders, sondern er hilft uns
noch mit seiner Ablehnung dabei, unsere
wirkliche Dualseele zu finden.
Wir dürfen deshalb nicht enttäuscht sein, wenn
alle Menschen nicht so handeln, wie wir es von
ihnen erwarten, sondern genau das ist unsere
Hilfe von ihnen.
Wir müssen lernen, dass wir zu jedem
Menschen lediglich deshalb Emotionen
aufbauen, weil wir sie irrtümlich für unsere
Dualseele halten.
Wir müssen lernen, dass diese Verbindungen
nur einer Illusion über uns selbst entsprechen,
die jedoch mit der Realität über uns selbst nichts
gemein hat.
Wer zum Beispiel von dem Verhalten seiner
Mutter oder seines Vaters enttäuscht ist, der
muss wissen, dass sie nur in unserer Illusion

unsere Mutter oder unser Vater sind, jedoch nie in der Realität waren.

In der Realität gibt es für uns keine Mutter oder Vater, da sind wir selbst unsere Mutter und unser Vater.

Wir sind alles selbst.

Nur solange wir an unseren Illusionen festhalten, dass jemand unsere Mutter oder unser Vater ist, können sie uns emotional enttäuschen.

Erkennen wir, dass sie nie unsere Mutter oder unser Vater waren, sondern lediglich nur für unsere Illusion über uns selbst eine Rolle gespielt haben, dann erwarten wir auch von ihnen nicht mehr bestimmte Handlungen, die wir mit diesen Figuren in Verbindung bringen. Wir stehen ihnen dann neutral gegenüber, wie zu jedem anderen Menschen auch und haben keinerlei emotionale Erwartungen mehr an sie, die enttäuscht werden können.

Dadurch haben sie mit ihrem Verhalten auch keine Macht mehr über uns, weil wir ihre Handlungsweise für unsere Zufriedenheit nicht mehr benötigen.

Weil wir aus unseren eigenen Illusionen herausgetreten sind, mit Hilfe unserer Dualseele. Wir genügen uns selbst.

Wir brauchen keine Anerkennung mehr von Gespaltenen.

Wir brauchen deren vermeintliche Liebe, die nie wirklich Liebe war, nicht.

Die positiven und die negativen Emotionen
Positive Emotionen bekommen wir, wenn wir unsere Illusionen bestätigt sehen und negative Emotionen bekommen wir, wenn dem nicht so ist.
Wenn uns jemand aufzeigt, dass wir nicht göttlich sind. Dann zeigen wir, was wir noch so alles in unserem Reservoir versteckt hatten.
Das sind dann alle negativ besetzten Emotionen, die es gibt.
Angefangen von Hass, Zorn, Wut, Manipulationen, Sarkasmus, Zynismus, Erpressung, Drohung bis hin zur körperlichen Gewalt.
Mit diesen Instrumenten wollen wir, wenn die positiven Emotionen nicht den gewünschten Erfolg brachten, das Gegenüber zum Schluss überzeugen, dass wir doch göttlich sind.
Egal, ob es sich dabei um ein Familienmitglied handelt oder jemanden von der Straße.
Der gespaltene Mensch sucht immer Bestätigung durch andere und je unterentwickelter er ist, desto mehr Bestätigung benötigt er durch sein Umfeld. Insbesondere bei seinen Freunden und Familienangehörigen, denn dafür hat er sehr viel Kraft und Zeit aufgewendet.
Jeder, der sich deshalb aus dem Machtrefugium eines gespaltenen Menschen befreien will, um ihm seine Illusionen über sich selbst nicht mehr zu bestätigen, muss mit der Aktivierung dieser negativen Energien rechnen.

Angst steuert Emotionen
Wenn Eltern ihre Kinder zu einer Religion
prügeln, dann nur, weil sie Angst haben, dass ihr
Kind ansonsten in die Hölle kommt.
Wenn sie ihre Kinder aus dem Schlaf reißen,
dann nur, weil sie Angst haben, dass sie sonst zu
spät in den Kindergarten kommen.
Wenn sie ihre Kinder wegen schlechter Noten
anschreien, dann nur, weil sie Angst haben, dass
sie ansonsten in Zukunft verhungern.
Wenn man in negative Emotionen gerät, weil
man zu spät dran ist und die Ampel auch noch
auf Rot geschaltet hat, dann nur, weil man Angst
hat, zu spät zur Arbeit zu kommen.
Wenn wir positive Emotionen bekommen, weil
wir im Sport ein Erfolgserlebnis haben, dann
nur, weil wir weniger Angst haben, nichts wert
zu sein.
Wenn unser Fußballverein gewinnt, dann freuen
wir uns, weil wir weniger Angst haben, dass er
absteigt.
Wenn wir vor der Schulklasse stehen und ein
Referat halten müssen, haben wir Angst, dass sie
uns bei einem Versprecher aufzeigt, dass wir
nicht göttlich sind.
Wenn wir im Lotto gewinnen, dann freuen wir
uns, weil wir weniger Angst um unsere Existenz
haben und wenn wir beruflich erfolglos sind,
dann bekommen wir Angst um unsere Existenz.
Alle positiven Emotionen, die wir in bestimmten
Situationen bekommen, sind deshalb entstanden,

weil diese Situation das Gefühl der Angst
verringert hat und alle negativen Emotionen
haben wir, weil eine bestimmte Begebenheit das
Gefühl der Angst verschlimmert hat.
Wenn der Partner sagt, dass er einen liebt, dann
bekommt man positive Emotionen, weil dadurch
die Angst verringert wird, ihn zu verlieren.
Wenn man im umgekehrten Fall negative
Emotionen bekommt, weil er eine andere Frau
ansieht, dann nur, weil dadurch die Angst in uns
hochsteigt, ihn zu verlieren.
Alle Emotionen, die wir bekommen, egal ob
Positive oder Negative, haben deshalb immer
unmittelbar mit unserer Angst zu tun.
Emotionen sind somit immer der direkte
Ausdruck unserer Angst.

Das elementare Gefühl der Angst
Angst, ist das einzige echte Gefühl, das wir
kennen.
Die Angst zu verlieren, die Angst nicht zu
genügen, die Angst nicht geliebt zu werden.
Unser ganzes gespaltenes Sein ist einzig und
alleine auf Angst aufgebaut.
Das geht damit los, Angst zu haben, zu
verhungern.
Unsere ersten Schreie sind somit schon der
Angst geschuldet.
Das zieht sich dann durch unser komplettes
Leben. Wenn wir das kleinere Stück Kuchen
bekommen als unsere Geschwister, dann fangen
wir zum Schreien an, weil wir Angst haben, dass
wir weniger bekommen als sie.
Wenn wir uns das Spielzeug nicht aussuchen
dürfen, haben wir Angst, dass sie das Schönere
bekommen.
Wenn der Vater oder die Mutter die Geschwister
zuerst begrüßt, haben wir Angst, dass wir nicht
so geliebt werden wie sie.
Wenn wir am Abend nicht ins Bett wollen,
haben wir Angst, etwas zu verpassen.
Egal, was uns auch immer in Aktion treten lässt,
es ist einzig und alleine die Angst.
Das Angstgefühl ist elementar in uns verankert
und entstand durch unsere Spaltung von uns
selbst.
Wir wissen, dass wir nicht mehr frei aus uns
selbst heraus existieren können und das macht

uns Angst. Wir wissen, dass wir nicht mehr
göttlich sind und das macht uns Angst.
Wir wissen, dass wir von unserem Umfeld nicht
geliebt werden und das macht uns Angst.
Wir wissen, dass wir nicht mehr im Paradies
sind und das macht uns Angst.
Diese elementare Angst in uns steuert unsere
ganzen Gedanken, Gefühle und Handlungen.
Die größten Ängste, die wir haben, sind zu
sterben oder in der Hölle zu landen.
Wir haben also am meisten vor dem Angst, was
uns auch tatsächlich widerfahren ist und ständig
widerfährt.
Unser Tod und unsere Vertreibung hat die Angst
erst zum Leben erweckt. Aus unserem Tod
entstand die Angst als neues Element. Wären wir
nicht gestorben, würde es die Angst gar nicht
geben. Würden wir dieses Gefühl gar nicht
kennen, weil es nie existiert hätte. Sämtliche
Ängste, die wir deshalb empfinden, haben
unmittelbar mit unserem eigenen Tod zu tun.
Treffen sich genau an diesem Punkt. Es ist das
einzige wirkliche Gefühl, das unsere
Gespaltenheit aufzeigt. Unser wahres
momentanes Sein. Wir haben nicht Angst vor
dem Tod, wir haben Angst, weil wir tot sind.
Deshalb schreien wir bei jeder Erinnerung daran,
bei jedem Hunger, bei jeder Verletzung.
Wir schreien, dass wir wieder leben wollen.
Wir schreien ständig und permanent nach
unserer Dualseele, mit jedem Gefühl der Angst.

Die Schändungsbeziehung
Jegliche Beziehungen, die nicht auf wahrer
Liebe beruhen, sind Schändungsbeziehungen.
Wie so etwas energetisch aussieht, kann man am
besten nachempfinden, wenn man sich einen 50-
jährigen Mann vorstellt, der ein 9-jähriges
Mädchen heiratet und entjungfert.
Genauso abartig ist eine Schändungsbeziehung,
mit genau derselben Gewalt, mit genau
derselben Erniedrigung, mit genau demselben
Machtmissbrauch und mit genau derselben
Schändung.
Genau das ist die Energie, die ein Paar umgibt
und erzeugt, wenn es sich als wahres Ehepaar
ausgibt, aber keines ist und somit ihr göttliches
Selbst durch ihre gespaltene Persönlichkeit
verleugnet.
Es benötigt immer Gewaltenergien, um Paare
aneinanderzupressen, die keine sind.
Das sind die tatsächlichen wahrhaften Energien
bei allen, die hier ein göttliches Paar spielen,
aber keins sind.
Als Schutzbehauptung redet sich der gespaltene
Mensch dabei ein, dass wir ohnehin alle eins
sind und ohnehin alle miteinander verbunden
sind. Es also vollkommen egal ist, mit wem man
eine Ehe eingeht und mit wem nicht.
Wenn es doch so vollkommen egal ist, mit wem
wir eine Ehe eingehen, warum überkommt uns
dann Ekel bei dem Gedanken, dass ein 50-
Jähriger mit einer 9-Jährigen eine sexuelle

Verbindung eingeht?

Weil wir erkennen, dass es eben nicht so ist, dass hier jeder mit jedem ohne jegliches Wenn und Aber eine Verbindung eingehen kann und die Materie spiegelt uns das im Kleinen nur wider.

Es ist ein Unterschied, ob zwei Energien zusammengepresst werden, die in ihrer Struktur, ihrem Aufbau, ihrem Wesen, ihrem Bewusstsein, ihrer Entwicklung, ihrer Liebe und ihrem Sein nicht zusammengehören.

Da ist es vollkommen egal, ob man versucht, dieses Manko im Außen so gut wie möglich zu überspielen und so gut wie möglich sich selbst anzupassen, damit die Ab- und Andersartigkeit nicht sofort auffällt.

Es wird immer eine Selbsttäuschung bleiben. Wir werden in so einer Verbindung nie wirklich und wahrhaftig glücklich werden.

Der illusorische Ersatz für unsere Dualseele
Wir fühlen uns im Grunde unseres Herzens
einsam und nur für einen kurzen Moment
können wir diesem Gefühl entkommen, wenn
wir versuchen, uns davon abzulenken.
Das Problem ist nur, unsere Einsamkeit holt uns
immer wieder ein.
Vielleicht nicht heute, vielleicht nicht morgen,
aber spätestens übermorgen.
Alles, was wir auf diesem Planeten sehen und
hören, sind Ersatzbefriedigungen für unsere
andere Hälfte.
Wenn Männer Fußball spielen und Männer im
Stadion in Tränen ausbrechen, dann ist das der
Garant dafür, dass hier jemand wieder seine
Glückshormone und sein Adrenalin auffüllen
will, um sich damit eine innere Lebendigkeit zu
verschaffen, deren Verlust er mit der Dualseele
gar nicht hatte.
Selbstverständlich ist der Mensch dadurch
gezwungen, ständig und permanent
diesbezüglich für Nachschub zu sorgen.
Gelingt ihm das nicht, fällt er ab.
Alles, was der Mensch tut, dient dieser
Auffüllung von sich selbst.
Da zählt das Kaufen der Handtaschen genauso
dazu, wie das Erobern eines Landes für seinen
Propheten.
Man muss sich ständig und permanent das
Gefühl geben, irgendetwas Gutes getan zu
haben, gesiegt zu haben, einem Gott gefallen zu

haben, sich schön gemacht zu haben, etwas
Gutes gegessen zu haben, Anerkennung durch
andere erhalten zu haben.
Hauptsache, die Glückshormone kommen
wieder in Wallung.
Egal, was wir auch immer machen, es dient nur
dazu, unsere innere Leere wieder aufzufüllen.
Uns für einen kurzen Moment eine Bestätigung
für unsere Göttlichkeit zu holen, indem wir
einem kurzen Glücksgefühl nachjagen.
Wir leben ständig und permanent nur für dieses
Ziel.
Alle Handlungen von allen Menschen weltweit
sind Ersatzbefriedigungen, sind der ständige
Versuch, über unsere Trauer hinwegzukommen.
Das Problem ist nur, dass wir es immer nur kurz
schaffen, uns von unserer Trauer abzulenken
und dass uns der fortwährende Versuch dessen
auf Dauer nur müde macht als glücklich.
Einzig und alleine die Dualseele schafft es, dass
wir uns überhaupt nicht mehr anstrengen
müssen und trotzdem dabei immerwährendes
Glück erfahren.
Bis dahin muss sich der gespaltene Mensch in
Geduld üben, in Zuversicht.
Er kann nichts erzwingen, um aus diesem
Zustand wieder so schnell wie möglich
herauszukommen, sondern er kann nur anfangen,
sich selbst immer mehr zu lieben, was der
einzige Garant dafür ist, um irgendwann wieder
diesen gespaltenen Zustand aufzuheben.

Je mehr wir uns selbst lieben, desto schneller ist
der Weg heraus aus dieser Situation.
Dazu müssen wir ehrlich sein mit uns selbst und
uns immer an einem gewaltlosen Denken,
Handeln und Fühlen orientieren.
Das hilft uns auf unserem Weg zu uns selbst.
Ein Grundvertrauen in uns selbst schafft eine
gewisse innere Basis, die uns nicht mehr so zu
Glückshormonjägern und Adrenalinjunkies
werden lässt, weil sie uns nicht mehr so tief
fallen lässt.
Ein stabiles Grundvertrauen, dass es etwas
Wunderbares gibt, das uns irgendwann wieder
zu einem ganzen Menschen werden lässt, ist die
größte Hilfe, die wir haben.
Auf diesen Gedanken müssen wir uns
konzentrieren, auf diese Liebe und auf diese
Hoffnung und uns an ihm festhalten, dann
überwinden wir alles, was uns auf unserem Weg
zu uns selbst immer wieder in die Tiefe reißen
will.

Mangelnde Selbstreflexion

In der Anfangsphase seiner Gespaltenheit nimmt
der gespaltene Mensch so gut wie gar nichts von
seinem Umfeld wahr. Er kann weder groß
Informationen aufnehmen, geschweige denn ist
er dazu in der Lage, diese Informationen noch
mit zusätzlichem Geist zu bereichern, sodass er
etwas zum Wohle der Menschheit beitragen
könnte. Je mehr die Angst noch im Menschen
verankert ist, desto weniger kann er geistig und
seelisch etwas leisten, denn sein Schmerz
blockiert alle wichtigen Informationen
kategorisch ab. In seinem größten Schmerz sieht
der Mensch nur sich und seine Vorstellungen
und er fühlt sich von seinem Umfeld immer
angegriffen, weil es nicht seine Illusionen über
ihn teilt. So ist eine Kommunikation mit ihm
überhaupt noch nicht oder nur sehr bedingt
möglich, da er sich ständig und permanent in
seiner Göttlichkeit angegriffen fühlt. Im Grunde
empfindet der gespaltene Mensch in seinem
Frühstadium der Gespaltenheit sämtliche
Gedankengänge und Empfindungen der anderen
als Angriff auf seine Person. Er kann nicht
begreifen, dass irgendein Mensch anders denkt
und handelt als er. Ist er noch zu sehr in diesem
Anfangsstadium seiner Gespaltenheit gefangen,
versucht er ausschließlich über die Gewalt sein
Umfeld in seine Illusionen mit einzubeziehen.
Den Willen, die Wünsche und die Vorstellungen
von anderen sieht er lediglich als Affront

gegen sich selbst.

Er glaubt noch zu sehr, dass er der alleinige Gott im Universum ist und dass alle anderen ihn nur noch nicht erkannt haben.

Egal, wie abstoßend er auch immer für sein Umfeld ist, er wird nicht begreifen, warum die schönsten, klügsten und sanftmütigsten Menschen ihn nicht zum Partner wollen, weil ihm diesbezüglich die Selbstreflexion fehlt.

Er hat noch gar nicht damit angefangen, sich selbst zu analysieren.

Er glaubt für sich, dass er Gott ist und die Ablehnung des anderen interpretiert er lediglich so, dass derjenige unbewusst ist und ihn und seine Göttlichkeit einfach noch nicht erkennt. Deshalb glaubt er in dieser Phase seiner Entwicklung, dass er das Recht hat als Gott, den anderen zu vergewaltigen. Das Gegenüber ist für ihn kein Mensch, sondern lediglich etwas, das so fehlerhaft besetzt ist, dass es seine Göttlichkeit nicht erkennt. Je mehr der Schmerz in ihm jedoch nachlässt, desto mehr nimmt der Mensch auch sein Umfeld wahr. Er begreift immer mehr, dass er nicht alleine ist, aber vor alledem begreift er, dass die anderen auch ein Recht auf ihren eigenen Willen haben und auf ein selbstbestimmtes Leben. Wenn der Mensch in dieser Entwicklungsphase ist, dann können so langsam zivilisierte Kulturen entstehen, die insbesondere den Frauen in diesem Kulturkreis die gleichen Rechte einräumen wie den

Männern.
Ist das noch nicht der Fall, befindet sich die
männliche Energie noch in der Anfangsphase
ihrer Gespaltenheit.
Dann ist der Schmerz in ihnen noch zu
dominant.
Die Entwicklung von Menschen und Völkern
zeigt sich immer dahingehend, wie viel
Freiheiten sie sich untereinander lassen.
Frieden und Wohlstand in einem Volk entstehen
immer erst dann, wenn die gespaltene Energie
sich darin schon im Mindestmaß im Griff hat.
Wenn die männliche und weibliche Energie
schon einigermaßen gleichberechtigt sind.
Ist das nicht der Fall, herrschen in den einzelnen
Familien, auf den Straßen und im ganzen Land
Gewalt, Frauenunterdrückung und erzwungene
Partnerschaften.
In dieser Entwicklungsphase sehen Völker ihr
Recht darin, friedfertige Völker zu überfallen, zu
übervorteilen, auszurauben und sich deren
Leistung unter den Nagel zu reißen, bei
gleichzeitiger Unterdrückung und Versklavung
der weiblichen Bevölkerung.
Das ist ihre Definition von Arbeit.
Durch Gewalt die Friedfertigen zur Arbeit zu
treiben, ihre Leistungen zu stehlen und jede ihrer
Handlungen zu kontrollieren.
Ihr Gott hat ihnen das Paradies versprochen,
wenn sie so denken, fühlen und handeln.

Das Böse

Die Menschheit hat Angst vor dem Gespaltenen und merkt nicht, dass sie selbst das Gespaltene ist.

Es gibt im ganzen Universum nichts Bösartigeres, Gewalttätigeres und nichts Abartigeres, als den gespaltenen Menschen selbst.

Es gibt keinen zusätzlichen Teufel, Dämon oder Satan, sondern die gespaltene Menschheit ist das abgrundtief Böse selbst.

Aus der Gespaltenheit entstand alles Abartige. Sämtliche negativen Gefühle wie Neid, Missgunst, Hass, Habgier, Selbstsucht entstanden aus der Tatsache, dass unser Unterbewusstsein weiß, dass wir nicht mehr göttlich sind.

Das sind auch die Gefühle, die uns wirklich unbewusst lenken und steuern und unsere ganze Handlungs- und Denkweise wird von ihnen dominiert. Neid, Missgunst, Unterdrückung, Ausbeutung, Gewalt, das sind alles nur die Folgen von diesen Minderwertigkeitsgefühlen. Diese kochen besonders stark hoch, wenn uns jemand direkt und unmittelbar an unsere Spaltung erinnert, indem er positiver schwingt wie wir selbst.

Wenn seine Positivität unsere positiven Illusionen über uns selbst übersteigt.

Dann werden wir schmerzlich daran erinnert, dass es noch eine Steigerung unserer eigenen

illusorischen Göttlichkeit von uns selbst gibt.
Je reiner ein Mensch deshalb ist, desto mehr
schafft er es, unseren Teufel zum Vorschein zu
bringen.
Nichts hassen wir so sehr wie einen Menschen,
der besser ist als wir selbst.
Dieser Mensch wird dann als reiner
Illusionskiller von uns wahrgenommen und von
uns massiv durch Gewalt unterdrückt.
Wir können jedoch erst den Kampf gegen uns
selbst aufgeben, wenn wir anfangen, unsere
Dunkelheit beleuchten zu lassen, indem wir
müde werden, dagegen anzukämpfen.
Erst in einer gewissen Demut, die wir immer erst
dann bekommen, wenn wir aus unserer heilen
Welt gerissen werden, durch eine Beleuchtung
unserer Illusionen, können wir so langsam
anfangen, etwas Höherem zu vertrauen. Erst
dann können wir die Zügel aus den Händen
geben und wollen nicht mehr krampfhaft eine
heile Welt vorgaukeln, die so nur in unserer
Illusion existiert hat.

Das Gute
Das Gute ist so gut, dass es siegen wird.
Man sollte gar nicht glauben, dass diese ganze
Abartigkeit irgendwann wieder im Nirwana
verschwindet, doch dem ist so.
Egal, wie ekelhaft und scheußlich auch immer
die momentane Situation aussehen mag, am
Ende bleibt nur noch das Edle, Reine und Gute
übrig.
Dafür ist es einfach zu stark.
Das Böse hat im Gegensatz zum Guten
überhaupt keinerlei Macht. Es existiert
überhaupt nicht wirklich.
Es glaubt nur, zu existieren.
Die wahre Macht wird ausschließlich und alleine
durch das Göttliche im Universum repräsentiert
und in dessen Welt gibt es nichts Böses.
Dorthin, in das Göttliche, gehen alle wieder
zurück, früher oder später.
Niemand bleibt für alle Zeiten und in alle
Ewigkeit in der Hölle gefangen, also in seiner
Gespaltenheit.
Dafür ist die Liebe, die zwischen Dualseelen
herrscht, einfach zu groß.
Sie ist die größte Macht und das Stärkste im
ganzen Universum.
Deshalb wird diese Liebe alles überwinden.
Selbst die Hölle.
Es wird nichts mehr von ihr übrig bleiben.
Nicht das kleinste Staubkörnchen.

Der energetische Fluss
Alles, was wir in der Materie leben ist ein
minderwertiger Abklatsch von dem, was wir im
großen Ganzen wirklich sind.
Wenn sich eine Frau und ein Mann hier
körperlich vereinen, um neues Leben zu
erzeugen, dann spiegelt das die Wahrheit des
großen Ganzen wider.
Es ist ein Ausdruck dessen, was wirklich ist.
Diese Zurschaustellung des großen Ganzen soll
den Menschen daran erinnern, wer er wirklich
ist.
Deshalb wird Sex hier auch so großgeschrieben,
weil er die Quintessenz allen Seins repräsentiert.
Im Sex spiegelt sich der energetische Fluss
wider, durch den wir alle zum Leben erweckt
werden.
Es ist der Sex, der uns daran erinnert, wer wir
wirklich sind.
In einem verzweifelten Akt versuchen wir, durch
ihn, unseren wahren Zustand wieder
herzustellen, doch so einfach geht das nicht.
Alleine durch unser einfaches unbewusstes
Agieren auf diesem Betätigungsfeld kommen
wir nicht dahin, wo wir eigentlich dadurch
wieder hinkommen wollen, nämlich zur
immerwährenden Glückseligkeit mit uns selbst.
Im Sex spiegelt sich unser ganzes Drama wider.
Unsere Unfähigkeit, diesen Zustand bewusst für
alle Ewigkeiten wieder herzustellen.
Jedes Mal wenn wir sexuell agiert haben, fallen

wir wieder in uns zusammen, sind das kleine
Häufchen Elend, was wir vor diesem Akt waren.
Er bringt uns keinen dauerhaften Frieden.
Ständig und permanent werden wir zur Unruhe,
hinsichtlich unserer Nichterfüllung, getrieben
und versuchen es ständig, mit den
unterschiedlichsten Partnern und Mitteln aufs
Neue.
Jedes Mal jedoch ist es ein glatter Reinfall.
So bewusst wir uns auch anstrengen mögen,
diese energetische Lücke in uns zu schließen, es
gelingt uns einfach nicht.
Jedes Mal bleiben wir alleine und ausgepowert
zurück und hoffen, dass beim nächsten Mal
etwas mehr hängen bleibt.
Ab und zu wird auch mal ein Kind dabei
gezeugt, was uns das Gefühl geben soll, dass
nicht alles umsonst war.
Für einen kurzen Augenblick vergessen wir
dabei unser Versagen auf ganzer Linie.
Doch nach nicht allzu langer Zeit, wenn unser
Erfolgsgefühl diesbezüglich so langsam wieder
abgeklungen ist, holt uns unser Versagerstatus
wieder ein. Wir haben erkannt, dass auch das
Zeugen von Kindern nicht zu einem dauerhaften
Glücksgefühl führt. Nun stehen wir wieder am
Anfang.
Auf der Suche nach uns selbst und immer noch
nicht fündig.
Also geht das ganze Schauspiel von vorne los,
solange, bis der Körper nicht mehr mitmacht und

wir zu alt dafür geworden sind.

Glücklich sind wir dabei jedoch immer noch nicht geworden.

Das liegt einzig und alleine daran, dass wir uns energetisch noch nicht auffüllen konnten.

Dass in uns diese Lücke ständig und permanent weiterhin vorhanden ist, egal wie sehr wir auch versuchen mögen, sie zu füllen.

Wir sind mit unserem Latein am Ende.

Nichts von all dem, was wir auch bewusst versucht haben, hat uns zu einem dauerhaften Glückszustand verholfen.

Immer nur waren die Glücksmomente für einen kurzen Augenblick oder auch mal ein bisschen länger, aber nie für immer.

Wir haben nicht geschafft, was wir eigentlich schaffen wollten.

Das liegt an unserer Machtlosigkeit.

Wir haben nicht die Macht, uns bewusst aus diesem Zustand des energetischen Stillstandes zu befreien.

Doch wie nun kommt man wieder in diesen energetischen Fluss?

Um in den energetischen Fluss zu kommen, benötigt man eine Energie, die uns anregt, die uns anstößt, die uns aus unserer Lethargie befreit.

Diese Energie können wir nicht selbst in uns erzeugen, sondern diese Energie wird uns zugeführt.

Alleine das zeigt uns schon unsere eigene

Machtlosigkeit auf.

Wir sind nicht imstande, uns bewusst selbst anzuregen, sondern wir werden zu gegebenem Zeitpunkt, wenn wir energetisch wieder dazu in der Lage sind, angeregt.

Dafür müssen wir selbstverständlich eine gewisse Grundvoraussetzung mitbringen, nämlich so demütig und emotional gereinigt wie möglich zu sein, um diesen Fluss auch wieder in Gang setzen zu können.

Lassen wir uns noch zu sehr von unserem kontrollierenden Verstand und unseren angstbesetzten Emotionen lenken, haben wir keine Möglichkeit, uns wieder innerlich vollständig zu klären.

Erst dieser Umstand sorgt dafür, dass wir die Energie zugeführt bekommen, die uns wieder voll und ganz zu dem macht, was wir eigentlich sind.

Diesen Zeitpunkt jedoch können wir nicht bewusst steuern.

Dafür fehlt uns das Bewusstsein.

Wenn der Zeitpunkt gekommen ist, werden wir es merken, denn dann fällt unsere selbst gebastelte Welt in sich zusammen wie ein Kartenhaus.

Nichts mehr von dem, was wir dachten zu wissen, hat noch Bestand. Alles löst sich auf ins Nichts.

Wir können nur dabeistehen und machtlos mit zusehen, wie unser eigenes Lügengebilde in sich zusammenfällt.

Wie es von diesen Energien, die immer mehr in Fluss geraten, weggespült wird.

Deshalb nehmen wir diese Energie auch erst einmal als Bedrohung für unsere Existenz wahr.

Die Liebe, die sich dahinter verbirgt, erkennen wir erst mal noch nicht.

Dafür sind wir noch zu blind.

Erst im Laufe der Zeit erkennen wir, was sich wirklich hinter dem Ganzen verbirgt.

Lassen den Fluss immer weiter in uns zu.

Lassen die Energien in uns immer weiter Fahrt aufnehmen.

Bis wir wieder voll und ganz zu dem geworden sind, was wir eigentlich schon immer waren.

Das Maß aller Dinge

Eigentlich müsste der Mensch der Liebe nur alles opfern, das wäre sein schnellster Weg nach Hause, doch er macht es genau umgekehrt.
Er opfert die Liebe seiner Angst.
Bevor wir den Schritt wagen, aus einem vermeintlich sicheren Haus auszubrechen, aus einer vermeintlich sicheren Partnerschaft, muss einige Zeit vergehen und der Leidensdruck enorm angewachsen sein.
Erst dann, wenn wirklich nichts mehr geht, schaffen wir erst wieder den Sprung zurück zu uns selbst.
Viele jedoch ignorieren die eigenen inneren Impulse hinsichtlich ihres Partners, verzichten lieber ein Leben lang auf wirkliche Streicheleinheiten und Zärtlichkeiten, insbesondere auf den sexuellen Akt, weil sie die Sicherheit und ihre Ängste der Liebe vorziehen.
Sie reden sich ein, dass das Liebe ist, was sie da betreiben, doch es ist nur mangelnde Selbstliebe.
Die sexuelle Vereinigung in den meisten Partnerschaften erlahmt nicht, weil das ein Naturgesetz ist, sondern weil diese Paare nicht zusammengehören.
Wer Pflichtsex betreibt, der hat seinen wahren Partner noch nicht gefunden.
Der hat die Liebe der Angst geopfert.
Es gehört zu einer natürlichen Verbindung von Mann und Frau dazu, dass sie sich regelmäßig durch einen körperlichen Austausch ihre eigene

Göttlichkeit bestätigen, bei dem nicht nur einer
von beiden zum Höhepunkt kommt.
Wird dieser Akt nicht mehr vollzogen oder
kommt er durch Gewalt zustande, was immer der
Fall ist wenn es sich nicht um Dualseelen
handelt, dann zeigt sich, dass in dieser
Partnerschaft etwas noch nicht stimmt.
Um das jedoch zu ignorieren, bedient sich der
gespaltene Mensch mehrerer Varianten.
Die Erste ist, dass man seine wahren
Empfindungen verdrängt und den Partner sexuell
gewähren lässt, was nach einiger Zeit fast nicht
mehr zu ertragen ist.
Die zweite Variante ist, dass man das Ganze auf
ein Minimum reduziert, bis es ganz zum
Stillstand gekommen ist.
Die dritte Variante ist, dass sich einer von beiden
einen Liebhaber sucht und die vierte und letzte
Variante ist, dass man sich trennt.
Nur die vierte Variante befriedigt auf Dauer,
nämlich die Trennung.
Alle anderen Varianten sind zum Scheitern
verurteilt.
Es ist gerade unsere Sexualität, die uns aufzeigt,
ob wir den richtigen Partner gefunden haben
oder nicht.
Hier können wir uns kein X für ein U
vormachen.
In allen anderen Dingen können wir lügen, was
das Zeug hält, doch beim sexuellen Akt
offenbart sich unsere ganze Verlogenheit zu uns

selbst.
Hier können wir nicht einfach so unseren
Fauxpas leugnen.
Es gibt genügend Paare, welche die Liebe ihrer
Angst geopfert haben und die Variante eins bis
drei wählen, doch glücklich werden sie dabei
nicht.
Wir kommen nur zu unserem Glück, wenn wir
der Liebe alles opfern.
Wenn wir weitergehen, wenn uns bewusst wird,
dass wir falsch liegen.
Nur dann haben wir die Möglichkeit, sie auch
irgendwann einmal wiederzufinden, wenn wir
gezeigt haben, dass sie für uns das Maß aller
Dinge ist, wenn wir gezeigt haben, dass wir
keine Gewalt mehr an uns und anderen leben
wollen.

Die andere Dimension ist der Steuermann
Wenn wir in Liebesschwingungen verfallen,
dann nicht, weil der Körper einfach so, weil er
wieder mal Lust hat, Glückshormone
ausschüttet und wir dann einfach nur darauf
reagieren. Das würde nämlich bedeuten, dass
der Körper den Geist und die Seele steuert und
nicht umgekehrt.
Die Wahrheit sieht jedoch so aus, dass wir
Schwingungen aus der anderen Dimension
aufnehmen und diese Schwingungen dann die
Glückshormone in unserem Körper produzieren.
Wir erkennen eine Energie wieder oder fühlen
uns durch sie an jemanden erinnert.
Das versetzt unseren Geist und unsere Seele in
diese Schwingungen, weil er sich für einen
kurzen Moment für sich selbst öffnet, bis er
erkennt, dass er sich getäuscht hat.
Alles kommt durch die andere Dimension.
Sämtliche Informationen kommen durch die
andere Dimension, die wir mit unserem Licht
aufnehmen, und unser Körper reagiert lediglich
darauf.
Erst kommt die Schwingung, das Ansprechen
unserer Seele durch Erkennen oder Erinnerung
und daraufhin bildet unser Körper die
Glückshormone, nicht umgekehrt.
Somit zeigt sich, dass der Geist die Materie
bildet und nicht umgekehrt.
Wäre es umgekehrt, dann würden wir einfach
eine Pille schlucken, wenn wir wieder einmal

Verliebtheitsschwingungen wollten.
Wir würden einfach jemandem eine Pille geben,
damit er sich in uns verliebt, doch so
funktioniert das Ganze nicht.
Wir sind machtlos, was diese Schwingungen
betrifft und sie kommen und gehen, ohne dass
wir sie auch nur im Ansatz bewusst
beeinflussen könnten.
Wir haben keinen Einfluss darauf, wer, wie auf
uns reagiert und wir auf ihn.
Diese Dinge sind nun einmal, ohne dass wir sie
mit unserer Ersatzpersönlichkeit beeinflussen
könnten.
Das zeigt die wahre Macht der anderen
Dimension und die Macht der Schwingungen,
die über der Materie stehen.
Im Kleinen erleben wir das immer wieder beim
Zusammentreffen von Menschen und im
Großen ist es erst recht so.
Die Materie hat keine Macht über die andere
Dimension, aber die andere Dimension über die
Materie.
Sie zeigt uns, wo es langgeht und wir können
nur ihre Informationen aufnehmen und
verarbeiten.
Insbesondere die Begegnung mit anderen
Menschen zeigt uns auf, dass es die andere
Dimension gibt.
Wie wäre es sonst möglich, dass man innerhalb
von ein paar Millisekunden, ja eigentlich von
gar keiner Zeit, einen Menschen so erkennen

kann, ob man ihn mag, ihn vielleicht sogar
irgendwie kennt, er einem vertraut ist, er einem
unsympathisch ist, obwohl man in der Materie
noch kein einziges Wort mit ihm gesprochen
hat?
Wie ist Liebe auf den ersten Blick möglich?
Weil die tatsächliche Kommunikation von
Menschen untereinander nicht auf der
materiellen Ebene abläuft.
Die Informationen über andere Menschen
bekommen wir direkt und unmittelbar über
unser Inneres.
Das sind Informationen, die wir in Nichtzeit
übermittelt bekommen.
Diese Informationen sind aussagefähiger als es
die Informationen je sein könnten, die wir durch
die Materie an sich erhalten.
In diesen Informationen steckt alles über diesen
Menschen.
Was für eine Energie er in sich trägt.
Wer er tatsächlich ist.
Was er alles schon erlebt hat. Ob wir ihm schon
einmal begegnet sind.
Das ist der Grund, warum wir einen Menschen
in Nichtzeit so schnell erkennen können, weil es
die andere Dimension, mit ihrem tatsächlichen
Sein, auch tatsächlich gibt.

Nichts ist so wie es scheint
Wer weiß, dass hier alles nur auf Illusionen
aufgebaut ist, der weiß auch, dass hier nichts so
ist, wie es scheint.
Es heißt noch lange nicht, dass wenn ein Paar
hier eine Partnerschaft im Außen lebt, dass sie
auch tatsächlich eine Partnerschaft im Inneren
leben.
Im umgekehrten Fall heißt es auch nicht, dass
ein Paar, das hier keine offensichtliche
Partnerschaft im Außen lebt, keine innere
Partnerschaft lebt.
Fakt ist, dass sich alles Wichtige im Leben in
unserem Inneren abspielt und das ist sehr oft
nicht das, was wir im Außen sehen.
Wir haben eine innere Welt, die uns heilig ist
und die uns weitaus mehr ausmacht als unsere
äußere Welt. Wir haben darin Wünsche,
Erlebnisse, Bedürfnisse, Empfindungen und
Geheimnisse, die uns mehr ausmachen als alles,
was wir unserem Umfeld über uns zeigen.
Unsere tiefsten Empfindungen, alles, was uns
wirklich ausmacht, bleibt so oftmals für unser
Umfeld verborgen.
Zeigt ihm nicht, wer wir wirklich sind.
Schon alleine daran erkennt man, dass man dem
manifestierten Schein nicht trauen darf.
Wir selbst haben schon von Geschichten gehört,
in denen die Menschen zwar mit ihren Partnern
ein Leben lang zusammen waren, ihr Herz aber
in all dieser ganzen Zeit immer jemand anderem

gehört hat.

Diese Geschichten sind keine Erfindungen, sondern sie gibt es wirklich und dabei handelt es sich in den meisten Fällen nicht einmal um Dualseelen, sondern nur um Verbindungen, die mehr Tiefe aufweisen als andere.

Die im Kleinen das leben, was im Großen, Realität ist.

Die andere Dimension

Die Wahrheit und Klarheit, die dort anzutreffen sind, kann man mit nichts vergleichen, was man hier in der Materie vorfindet.

Die Energien dort sind rein, weise und göttlich.

Es genügt dort schon ein einziges Bild zu erhalten, das einen so derartig tief berührt, wie nichts Vergleichbares in der Materie.

Das Wissen dort wird über das Sein an sich vermittelt und trifft jede einzelne Zelle.

Die Materie ist tot dagegen.

Jegliche Kommunikation in der Materie ist im Gegensatz dazu tot.

Dort gibt es keine Falschheit, keine Manipulation, keine Lüge, keine Gewalt, nur reines wirkliches Sein. Dort findet das wirkliche Leben statt.

In der anderen Dimension gibt es keine Energie, die einen für irgendetwas bestraft oder verurteilt. Keine Energie, die einen unterdrücken will.

Dort gibt es nur wahres Erkennen all dessen.

Wenn ein Mensch nach seiner Reinkarnation dort hinkommt, dann wird er in absoluter Liebe dort empfangen.

Ihm wird aufgezeigt, welche Schmerzen er sich und anderen zugefügt hat und wie sie sein Leben bestimmt haben.

Dort kommen sie direkt und unmittelbar in sein Sein.

Das hilft ihm, seine eigene Angst besser zu erkennen. Diese Belastung seiner selbst, durch

seine eigenen Gewaltanwendungen, nimmt er
dann in seine nächste Reinkarnation mit, um dort
die nächste Chance zu erhalten, sich gegen seine
Ängste und die damit verbundenen
Gewaltanwendungen zu entscheiden.
So kann er die Gewaltenergien um sich herum
immer weiter abbauen, bis er ein gewisses
gewaltloses Level erreicht hat, um seine
Dualseele zu treffen.

Schwingungen bilden die wahre Realität
Schwingungen, die nichts anderes als eine
Energieform sind, bilden die wahre Realität.
Diese Schwingungen lassen sich nicht
manipulieren, noch kann man sie vortäuschen,
sie sind so, wie sie sind.
Das Wesen eines Menschen bildet sich aus
diesen Schwingungen. Diese Schwingungen
zeigen auf, wie viel Liebe der Mensch in sich
trägt, wie viel Energie, wie viel Bewusstsein.
Wenn zum Beispiel zwei Menschen ein- und
dasselbe sagen, dann heißt das nicht, dass sie
auch gleich sind oder dass sie diese Worte auch
gleich stark begreifen. Deshalb sind gesprochene
Worte kein Garant dafür, um zu erkennen, wer
vor einem steht. Man kann versuchen durch
einstudierte Worte, seine wahren Schwingungen
zu verbergen, so wie man seinen eigenen
Körpergeruch versucht, durch ein Parfum, zu
verdecken oder mehr daraus zu machen, es wird
jedoch an den ursprünglichen Schwingungen
nichts ändern. Nimmt man diese Hilfsmittel
wieder weg, bleiben die reinen Schwingungen
übrig. Deshalb gibt es auch den Spruch: „Wahre
Schönheit kommt von innen.“
Es sind unsere Schwingungen, die uns wirklich
ausmachen. Wir können noch so sehr versuchen,
mehr darzustellen, als wir eigentlich sind, doch
jeder, der Schwingungen am anderen erfühlen
kann, wird über solche Versuche nur lächeln.
Früher oder später kommt immer der wahre

Kern zum Vorschein.

Schwingungen sind nicht manipulierbar, deshalb heißt es auch, dass die andere Dimension direkt in unser Herz sehen kann, was genau damit gemeint ist.

Die andere Dimension hat die Möglichkeit, diese Schwingungen am Menschen wahrzunehmen, genauso wie Menschen, die ein reines Herz besitzen.

Je reiner das Herz eines Menschen ist, desto mehr kann er diese Schwingungen, auch in der Materie, an anderen erkennen.

Er erkennt die Menschen aufgrund ihrer Schwingungen und nicht mehr aufgrund dessen, was sie vorgeben zu sein.

Diese Schwingungen werden dem Menschen in die Wiege gelegt.

Es ist sein ureigenes Wesen, das sich aus seinem Ursprung, seiner Energie, seiner Erfahrungen, seiner Prägungen und seinen Ängsten zusammensetzt.

Es bleibt auch nahezu unverändert, von seiner Geburt bis zum Tod, weil sich Ängste und die damit verbundenen Gewaltauslebungen nur sehr langsam abbauen.

Die richtige Wahl

Es hat keinen Sinn, einen Menschen direkt
darauf anzusprechen, dass er falsch liegt.
Was sollte er daraufhin auch machen?
Sollte er dann sagen, dass man recht hat und sich
selbst dabei loslassen und von wo aus sollte er
dann weitergehen, wenn er sich selbst dabei
losgelassen hat?
Er kann nur von da starten und weitermachen,
wo er sich selbst hingebracht hat.
Von wo er selbst glaubt, gerade zu sein.
Diese Illusion gibt ihm Sicherheit.
Er kann nicht anders, als nur auf seine innere
Stimme zu hören.
Er kann sich nicht einfach loslassen, auch nicht
seine Illusionen von sich selbst, sondern er muss
seinen Weg exakt so weitergehen, wie er glaubt,
ihn gehen zu müssen, bis er selbst all diese
Einsichten bekommt, durch das Leben, in
Tausenden von Reinkarnationen.
Wenn man also einen Menschen direkt auf sein
Fehlverhalten anspricht, dann wird er immer in
den Verteidigungsmodus überspringen, weil für
ihn sein Verhalten absolut göttlich ist.
Er wird noch wütender, noch schmerzverzerrter,
als er es ohnehin schon ist und erst recht nicht zu
sich selbst dabei finden.
Deshalb macht ein direkter Erziehungsversuch
auf einen Menschen auch keinen Sinn.
Man muss ihn gehen lassen.
Wenn er Glück hat, fällt ihm zum gegebenen

Zeitpunkt ein Buch in die Hand, in dem er mit
Abstand über die Dinge des Lebens lesen kann
und sich vielleicht an das ein oder andere dabei
erinnert.
Wir haben nicht die Macht, einen anderen
Menschen zu verändern, wir haben nur die
Macht, uns selbst zu verändern.
Der Himmel hat die Macht, alles zu verändern.
Wir mit unserer Ersatzpersönlichkeit haben
überhaupt keine Macht. Wir befinden uns
lediglich nur in einer Illusion dessen.
Es bringt also nicht wirklich etwas, einen
anderen Menschen erziehen zu wollen, sondern
der andere ist lediglich dazu da, um uns zu
erziehen, damit wir das begreifen. Deshalb
erziehen Kinder in Wahrheit auch uns. An
Kindern können wir üben, unsere Macht nicht zu
missbrauchen.
Wir müssen lernen, die Dinge so sein zu lassen,
wie sie sind.
Wir müssen lernen, die Menschen so sein zu
lassen, wie sie sind.
Wir können sie im Allgemeinen über ihr
Verhalten aufklären, aber nicht sie direkt und
persönlich erziehen wollen, so dass sie dem
Willen unserer Ersatzpersönlichkeit entsprechen.
Damit zeigen wir nur, dass wir noch nicht
wissen, worum es wirklich geht. Wir haben nicht
das Recht, einen anderen zu erziehen, wir haben
nur das Recht, uns selbst zu erziehen. Es sind
wir, die lernen müssen, den Mut aufzubringen,

sich aus dem Dunstfeld des anderen zu befreien
und uns nicht mehr durch ihn aus unserer Mitte
reißen zu lassen.

Wenn wir auf jemanden wütend sind, weil er
sich nicht so verhält, wie wir es gerne hätten,
dann verraten wir uns im Grunde selbst, weil wir
uns einreden, dass er wichtiger ist als unsere
Dualseele, um dadurch der wirklichen
Konfrontation mit uns zu entgehen.

Wir haben jederzeit die Wahl, uns für die
richtige Seite zu entscheiden, nämlich für die
eigene. Wenn wir das nicht tun, können wir noch
so lange versuchen, den anderen zu verändern,
doch das wird uns nicht voranbringen, sondern
nur müde machen. Es ist unsere eigene Feigheit,
die uns von den richtigen Schritten abhält.

Tote Beziehungen

Jede Beziehung, die nicht auf wahrer Liebe beruht, ist tot.

Wir gehen nicht mit einem anderen eine Beziehung ein, wir gehen mit unserer eigenen Vorstellung und Erinnerung an unsere Dualseele eine Beziehung ein, der andere ist und bleibt tot für uns.

Aus jedem, der zu uns spricht, spricht einzig und alleine unsere Dualseele zu uns, da sie das einzige Wesen im ganzen Universum ist, mit dem wir wahrhaftig kommunizieren können.

Sie ist das einzige Wesen, mit dem wahrhaftige Kommunikation erst möglich wird.

Wir reden nur, weil wir in der Sehnsucht zu uns selbst sind und weil unser Wesen dahingehend erschaffen wurde, sich mit sich selbst auszutauschen, ständig und permanent.

In verminderter Form machen wir das mit unserem Denken und Fühlen.

Wir können gar nicht anders.

Es ist einer unserer elementarsten Wesensmerkmale. Je weniger wir mit uns selbst kommunizieren, desto trauriger werden wir, desto mehr können wir uns nicht selbst leben.

Wir müssen uns das Gefühl geben, dass wir wichtig sind, dass uns unser Umfeld liebt und wir einmalig sind. Ständig versuchen wir, dieses Gefühl zu erreichen. Wir stellen alles Mögliche an, um die Bestätigung für unsere Einmaligkeit von unserem Umfeld zu erhalten, weil wir den

Kreis wieder schließen wollen, zu uns selbst.
Doch niemand kann uns so bestätigen, dass wir
dadurch erfüllt und befriedigt werden, außer
unsere Dualseele.
Erst durch sie erreichen wir die höchste
Erfüllung. Fühlen uns wieder angenommen in
unserem Sein.
Alle anderen sagen zwar auch „Ich liebe dich",
doch schauen sie durch einen hindurch, nehmen
einen gar nicht als eigenständige Persönlichkeit
wahr, sondern meinen damit nur ihre Dualseele,
dessen Ersatz man in diesem Moment ist.
Das befriedigt natürlich nicht auf Dauer, weder
den einen noch den anderen und genau aus
diesem Grunde erfolgt dann auch irgendwann
die Trennung.
Die Trennung von einer Beziehung, die im
Grunde nie wirklich eine war.

Sex ist nicht alles

Der gespaltene Mensch reduziert seine Vorstellung vom Austausch der Geschlechter ausschließlich auf den Sexualakt und glaubt, dass dies die einzige Gemeinsamkeit zwischen diesen beiden Energien wäre, doch dem ist nicht so.

Der Sexualakt gehört als selbstverständliches Element zum Austausch zwischen der männlichen und weiblichen Energie dazu, doch er ist nicht alles.

Er ist lediglich ein Teil des großen Ganzen und nicht das alleinige und ausschließliche Element in dieser Beziehung.

Die Einheit tauscht sich in ihrem ganzen Sein aus, bei dem der Sexualakt mit dazugehört. Die Verbindung zwischen der männlichen und weiblichen Energie jedoch beinhaltet nicht nur diesen Austausch, sondern sie beinhaltet jeglichen Austausch. Wer seiner Dualseele begegnet ist, der tauscht sich mit ihr auf allen Gebieten aus und für den ist die Dualseele auch alles. Während im gespaltenen Dasein die Partnerschaft sich überwiegend auf das Sexuelle konzentriert und das dazugehörige Kinderkriegen, ist in Wahrheit zwischen einem göttlichen Paar alles relevant, nicht nur das.

Im gespaltenen Dasein suchen wir auf verschiedenen Ebenen unterschiedliche Personengruppen für unseren Austausch. Mit unseren Kindern decken wir einen bestimmten

Bereich unserer Gefühlswelt ab, mit unseren
Eltern wieder einen anderen.
Mit unseren Freunden verbindet uns wieder eine
andere Basis der Kommunikation, genauso mit
unseren Geschäftspartnern, unseren Geliebten,
unseren Bekannten und dem Rest, dem wir sonst
noch in unserem Leben begegnen.
Für alle Menschen in unserem Umfeld haben wir
bestimmte Kommunikationsbasen, die mit
unterschiedlichen Personen aufgefüllt werden.
Sie sind in ihrer Ganzheit der Ersatz für die
Dualseele.
Sie deckt alle Kommunikationsbereiche in
absoluter Perfektion ab.
Mit ihr fühlen wir keinen Mangel mehr, in
keinem einzigen Gefühlsbereich.
Sie deckt die Empfindungen ab, die wir für
unsere Kinder entwickeln, die Empfindungen,
die wir für unsere Eltern haben, die
Empfindungen, die wir bei Freunden spüren und
die Empfindungen für den großen Rest.
Sie vereint alle Personengruppen und alle
Verhältnisse in einer Person.
Sie ist somit mehr als nur ein auf die Sexualität
reduzierter Austauschpartner, mit dem wir
Kinder bekommen und bei dem wir, für unseren
wirklichen Austausch, lieber jemanden aus
unserem Geschlecht bevorzugen, weil wir das
Gefühl haben, dass er uns näher ist und besser
versteht als das andere Geschlecht.
Wenn wir nur so weit sind, in unserem

Verständnis zwischen den Geschlechtern, dann ist uns die Tragweite der Dualseelenbeziehung noch nicht bewusst.
Dann stülpen wir dieser großen Beziehung, zwischen uns selbst, nur unsere verbilligte Variante mit unserer Ersatzpersönlichkeit auf.
Dann haben wir den wahren Wert einer wirklichen Verbindung, zwischen den Geschlechtern, noch nicht erkannt.
Die Dualseele lässt sich nicht auf den Sexualakt, mit der anschließenden Kindererziehung, reduzieren, sondern sie besetzt alle Verbindungen die wir in unserem Leben mit allen unterschiedlichen Personengruppen abgedeckt haben.
Wenn man deshalb glaubt, einen Menschen gefunden zu haben, bei dem das Sexuelle hervorragend klappt, aber ansonsten wenig Gemeinsamkeiten vorhanden sind, man sich also lieber in anderen Belangen mit anderen austauscht, dann hat man dieses ehemals göttliche Verhältnis auf die Sexualität reduziert.
Selbstverständlich ist die Sexualität zwischen den Geschlechtern ein stark verbindendes Element und wenn es zwischen einem Paar zwischen diesem Element wirklich gut klappt, dann kann man sich in dieser Beziehung bis zu einem gewissen Punkt auch stark emotional und verstandesmäßig verlieren.
Dann glaubt man, schon den Zenit einer Partnerschaft erreicht zu haben.

Man reduziert sich dabei jedoch nur auf ein Minimum dieses großen Austausches, der wahrhaftig zwischen den Geschlechtern stattfinden kann.

Man erniedrigt sich auf dieser Basis nur selbst, weil man sich damit einschränkt und das wahre Ausmaß dieser Beziehung noch nicht begriffen hat.

Dann dominiert das Sexuelle diese Verbindung, die in Wirklichkeit gar nicht zusammengehört und aus der man aufgrund dieser Dominanz auch schlecht wieder herauskommt.

Man muss einen gewissen Gleichmut in der Sexualität zwischen den Geschlechtern erreicht haben, damit man sich nicht nur und ausschließlich auf dieses Element zwischen den Geschlechtern konzentriert, wenn man eine wirkliche Verbindung mit dem anderen Geschlecht anstreben will.

Erst wenn man diese Erkenntnis erreicht hat, dann kommt man langsam dahin, wo man eigentlich hinkommen will.

Zu einer Verbindung, die alles umfasst und die uns, nicht nur ausschließlich, aber auch im sexuellen Bereich, in Höhen katapultiert, die wir ohne diese Erkenntnis niemals erreicht hätten.

Wann kommt die Dualseele?
Die Zusammenführung mit der anderen Hälfte
ist ein göttlicher Akt.
Die andere Hälfte repräsentiert das manifestierte
Göttliche in der Materie.
Dieser Akt vollzieht sich erst, wenn der Mensch
an einem Punkt angekommen ist, an dem er von
sich aus weiß und akzeptiert, dass er mit all
seiner Macht nicht mehr weiterkommt und seine
Emotionen, Ängste und Illusionen schon ein
Stück weit im Griff hat.
Dann erst, wenn man schon so weit entwickelt
ist wie Jesus und Buddha zusammen, dann erst
kommt die Dualseele und fordert den krönenden
Rest, denn wie schon gesagt, die Dualseele
repräsentiert das manifestierte Göttliche in der
Materie.
Sie ist kein Karmapartner, wie ihn sich
Gespaltene vorstellen, die bis jetzt nur
Karmapartner getroffen haben, sondern sie ist
das Göttliche selbst.
Sie versetzt einen wieder ins Paradies zurück.
Sie beendet unseren Reinkarnationskreislauf.
Diese Begegnung hat man deshalb auch nur ein
einziges Mal in seinem materiellen Leben, und
zwar dann, wenn es beendet wird.
Alles, was wir bis dahin in der Materie erlebt
haben, diente lediglich diesem
Zusammenschluss mit uns selbst. Jede
Begegnung, die wir hier erfahren haben, jede
Begebenheit, jedes Gefühl, jeder Gedanke diente

nur dazu, um uns irgendwann wieder selbst zu finden. Wir probierten aus, wir testeten, wir suchten, wir stießen uns unsere Hörner ab, im wahrsten Sinne des Wortes und wurden dadurch immer ruhiger, müder und kamen irgendwann in einen Zustand, der uns aufzeigte, dass wir so nicht mehr weiterkommen. Erst in diesem Zustand unserer Entwicklung, wenn wir nicht mehr ständig und permanent gegen das Leben ankämpfen wollen, wird uns die Dualseele zugeführt. Erst, wenn wir in der Lage sind, in Demut und Einsicht unsere Ersatzpersönlichkeit dieser Zusammenführung zu opfern. Wenn wir nicht mehr bei jeder Gelegenheit in Ängste und Emotionen verfallen. Wenn wir unser Schicksal so annehmen können, wie es kommt. Wenn wir keine Macht mehr über andere ausüben wollen. Wenn wir Vertrauen in eine höhere Macht haben. Wenn wir keine Angst mehr haben vor unserem eigenen Tod und der Hölle. Wenn wir nicht mehr durch Gewalthandlungen dieser entfliehen wollen.

Wenn wir ein wahrhaftiges Vertrauen in uns aufgebaut haben, kein Scheinvertrauen, das nur so lange Bestand hat, wie es unseren Illusionen dient und zusammenbricht, wenn dem nicht mehr so ist und sich dadurch in Gewalt entlädt. Erst dann kommt sie. Wenn diese Mechanismen im Vorfeld kultiviert wurden, um sie dann mit dem anderen Teil von uns selbst zur Meisterschaft zu bringen.

Was passiert bei der Zusammenführung

Bei der Zusammenführung mit der Dualseele führt das Göttliche höchstpersönlich Regie und die Persönlichkeiten beider Teile sind ihm unterstellt.

Beide Teile haben einen gewissen Reifegrad erreicht und stellen ihre Persönlichkeit bewusst unter die Obhut einer höheren Macht, auch wenn viele Teile ihres Unterbewusstseins noch einer Reinigung bedürfen, die jedoch erst die Dualseele auslösen kann.

Sie ist es, welche die ganze Unehrlichkeit in uns zum Vorschein bringt, die wir im Laufe der Zeit für die Wahrheit hielten, denn sie akzeptiert in ihrem Licht keine fremdartige Energie an sich selbst, die nicht voll und ganz ihrem reinen Sein entspricht.

Sämtliche Mangelerscheinungen durch die Ersatzpersönlichkeit werden dadurch wieder eliminiert und ins Nirwana geschickt.

Übrig bleibt bei beiden Teilen nur ihr wahres Sein, das so wieder zu einem großen Ganzen verschmelzen kann, in die reine Selbstliebe.

Selbstverständlich geht das Ganze nicht von heute auf morgen, das dauert seine Zeit.

Hier muss der Mensch von allen seinen falschen Gedankengängen, Verhaltensmustern, Reaktionen, Aktionen, Impulsen, Ängsten, Zweifeln und seiner Selbstverurteilung wieder befreit werden oder anders ausgedrückt, er muss alles, was er dachte zu sein, wieder loslassen.

Er muss quasi sich selbst etwas Höherem opfern.
Das Ganze ist ein sehr schmerzhafter Prozess,
weil man dadurch erkennen muss, wer man
geworden ist, nämlich jemand, der man nicht
sein wollte.
Es geht um die Konfrontation mit der eigenen
Scham.
Man schämt sich vor sich selbst.
Man schämt sich für alles, was man hier erlebt
hat.
Man schämt sich darüber, dass man nicht geliebt
hat. Man schämt sich darüber, dass man den
anderen nicht mehr geliebt hat.
Man schämt sich darüber, dass man sich vor dem
anderen schämt.
Man muss sich eingestehen, dass man in einer
Illusion von sich selbst gelebt hat, dass man
nicht liebend war und vor alledem ohne
Bewusstsein.
Solche Selbsterkenntnisse schmerzen und man
versucht sie sich erst einmal schönzureden und
zu verdrängen, doch vor der Reinheit des
eigenen Herzens hat dieser
Manipulationsversuch keine Chance.
Dem Menschen wird aufgezeigt, auf was für
Illusionen seine ganzen Reinkarnationen
wirklich beruht haben und so wird er langsam,
durch die aktivierte Liebe zu seinem anderen
Teil, wieder in die Realität zurückgeführt, hin zu
seinem wahren Sein. Er erkennt sich selbst
wieder und kann somit die Ersatzpersönlichkeit,

die er im Laufe der Zeit gebildet hat, wieder
loslassen.
Es ist die aktivierte Liebe zu uns selbst, die den
Reinigungsprozess auslöst.
Dieser wird erst dann ausgelöst, wenn unsere
fehlende Energie, in Form der Dualseele, sich in
der Materie manifestiert.
Dann erst, wenn diese beiden Energien eines
Ganzen in der Materie zusammentreffen, lösen
sie die Illusionen über sich selbst und ihre
Gespaltenheit auf.
Wenn einer in der anderen Dimension bleibt,
geht es nicht, denn ansonsten hätten wir den
Draht zu uns selbst nie verloren.
Wir wären dann wirklich alle göttlich, so wie wir
gerade sind, doch dann sähe es hier auf der Erde
ganz anders aus.

Wie erkennt man seine Dualseele?
Man erkennt sie, wenn sie vor einem steht.
Sie hat eine ganz andere Aura als alle anderen
Menschen vor ihr.
Sie aktiviert mit ihrer Energie etwas in einem.
Sie zeigt einem auf, dass sie der
verlorengegangene andere Teil von einem selbst
ist. Der männliche oder weibliche Teil.
Sie strahlt und man hat den Eindruck, sie ist
nicht von dieser Welt.
In Nichtzeit öffnet sie den Zugang zu anderen
Dimensionen.
Alles, was vorher von Bedeutung war, existiert
nicht mehr.
Sie schafft es, innerhalb eines einzigen
Augenblicks, das komplette Leben auf den Kopf
zu stellen.
Sämtliche Erkenntnisse, die man vorher hatte,
wirft das Zusammentreffen mit der Dualseele
über den Haufen.
Man denkt anders, fühlt anders.
Man besinnt sich auf das wahre Sein, auf die
Liebe, auf das Wesentliche.
Man lässt alles Negative, das einen noch vor
dem Zusammentreffen beschäftigt hat, fallen,
als ob es nie existiert hätte.
Man will sich nicht mehr mit negativen Dingen
befassen, weil man weiß, dass sie nicht ewig
Bestand haben werden.
Man bekommt ein absolutes Vertrauen in das
Göttliche.

Noch mehr, als man es ohnehin schon hatte.
Es gibt nichts, aber auch gar nichts mehr, was
über der Dualseele steht.
Sie ist das einzig real Existierende.
Sie glücklich zu sehen, ist unser höchstes Gut.
Wir begegnen mit ihr der personifizierten Liebe.
Wir können plötzlich wieder lieben.
Ohne uns dafür anstrengen zu müssen.
Wir lieben einfach.
Einfach so.
Wir sind dankbar und glücklich, dass wir wieder
lieben dürfen.
Dass es jemanden gibt, der unseren Liebesfluss,
hin zu uns selbst, wieder aktiviert hat.
Dass es so etwas überhaupt gibt.
Wir erinnern uns wieder an Liebe.
An ein Gefühl, das wir über Tausende von
Reinkarnationen nicht hatten.
Ein Gefühl, das nicht überschwänglich ist, wie
bei einer Verliebtheitsphase, sondern das stark
ist, das göttlich ist, das unumstößlich ist und den
Stempel der Ewigkeit trägt.
Der Himmel kam auf die Erde und wir dürfen
wieder ein Teil von ihm sein.
Wir fühlen, mit allem, was wir sind, dass wir
wieder nach Hause dürfen.
Dass unsere Odyssee für immer vorbei ist.

Träume helfen bei der Zusammenführung
Jeder, der keine Träume hinsichtlich seiner
Dualseele hat, kann davon ausgehen, dass sie
noch nicht kommt.
Diese Träume sind so tiefgehend, dass man sich
ihnen auf Dauer nicht entziehen kann.
Sie werden uns von der anderen Dimension
geschickt und sind nicht bewusst kontrollierbar,
erfüllen also nicht die Wünsche, welche die
Ersatzpersönlichkeit für ihre Illusionen hat.
Sie bereiten uns auf die Dualseele vor.
Durch diese Träume wird man immer mehr in
die Dualseelenarbeit gezogen. Sie sind so
derartig intensiv in ihrer Aussagekraft, ihrem
Fühlen und Wirken, dass man sich vor ihnen
nicht verschließen kann.
Sie arbeiten in einem, und zwar intensiver als
alles andere, was man bis dahin in der Materie
mit anderen gesehen und erlebt hat.
 Man muss sich intensiv mit sich selbst
auseinandersetzen, ob man will oder nicht.
Man wird aufmerksamer, schaut auch auf
Kleinigkeiten, nimmt Dinge wahr, auf die man
vorher nicht geachtet hat.
Man wird bewusster, hellsichtiger, gefühlvoller.
Man kommuniziert immer mehr auf einer
anderen Ebene und bindet diese immer mehr in
das eigene Leben mit ein.
Die Dualseele öffnet den Weg in eine andere
Dimension.
Sie berührt einen, wie niemand anderes zuvor.

Sie kennt die eigenen Träume, die eigenen
Gefühle und das eigene Denken.
Sie ist die Verkörperung dessen, was man schon
immer gewusst hat.
Sie kommuniziert mit einem auf allen Ebenen.
Sie löst die absoluten Reinigungsprozesse aus.
Ihre Liebe gibt einem Würde, Achtung und
Respekt vor sich selbst zurück.
Sie aktiviert unsere Ehrfurcht, Dankbarkeit und
Demut.
Sie verändert das komplette Leben von Grund
auf.
Sie gibt einem die Kraft, sich von allen
illusorischen Verbindungen zu lösen und lässt
dadurch ein gesundes Klima zum eigenen
Umfeld entstehen.
Man erkennt, dass es vollkommen genügt, nur
sie zu lieben.
Sie ist die Verkörperung dessen, was man in
seinem Inneren in Tausenden von
Reinkarnationen immer für göttlich gehalten hat.
Die Stimme, zu der man gebetet und mit der man
sich immer in stillen Stunden unterhalten hat.
Die Verkörperung der Heimat, die man immer
fühlen konnte.

Dualseelen muss man nicht überzeugen

Dualseelen muss man von der eigenen Liebe nicht überzeugen. Wer seiner Dualseele die Liebe abspricht, obwohl er selbst alles für sie empfindet, der hat Angst vor ihrer Liebe.

Der blockt die Liebe der Dualseele damit ab, um somit die Kontrolle über das Geschehen zu behalten.

Wer das Gefühl hat, dass die Dualseele noch Blockaden hat und einen noch nicht wirklich liebt, der hat noch selbst Blockaden, die es zu lösen gilt. Es ist nie die Dualseele, die noch nicht richtig liebt, sondern es sind immer nur unsere unbewussten Kontrollmechanismen, die hier greifen und die deshalb die wahre Liebe der Dualseele zu uns noch nicht durchlassen. Wenn wir ein Verhalten der Dualseele als lieblos interpretieren oder uns ganze Szenarien in unserem Kopf ausmalen, dass dem so ist, dann haben wir vor ihrer Liebe noch Angst, dann haben wir noch Angst ihr mit unserer Liebe nicht zu genügen. Wenn wir noch glauben, dass wir durch äußere Liebesbekundungen und emotionalem Tamtam die Dualseele dazu bewegen können, schneller zu uns zu kommen, dann haben wir ein Problem mit unserer eigenen Glaubhaftigkeit hinsichtlich unserer Liebe zu uns selbst. Solange in uns ein Gefühl steckt, das uns vorantreibt diese Beziehung voranzutreiben, glauben wir dem Schicksal irgendetwas zu schulden und dann werden wir uns etwas

schuldig bleiben. Erst wenn wir entspannt mit
der räumlichen Trennung umgehen können,
sehen wir in uns keine mangelnde
Liebesfähigkeit mehr, dass sie nicht kommt.
Dann haben wir verstanden, dass man diese
Liebe nicht durch Emotionen überzeugen muss
und dass man sie auch nicht zu Handlungen
treiben kann, sondern dass sie einfach alleine aus
sich selbst heraus besteht, in immer der gleichen
Intensität. Wir müssen nicht für sie arbeiten, sie
nicht aktivieren, sie nicht erhöhen und nichts an
ihr gutmachen.
Sie ist unser unveränderbarer elementarer Teil,
der allem und jedem genügt, insbesondere uns
selbst. Jegliche Emotionen, jegliche Handlungen
und jegliche Beweisversuche diesbezüglich sind
deshalb vollkommen sinnlose Liebesmüh.
Wenn wir diesen aktiven Part ablegen, der die
Dualseele fernhält, weil er unsere eigenen
Zweifel und Ängste gegenüber uns selbst
symbolisiert, dann kann sie kommen.
Solange wir ihr mangelnde Liebe unterstellen,
kommt sie nicht, weil wir uns im Grunde dabei
selbst mangelnde Liebe unterstellen.
Wir haben den Schalter in der Hand und können
ihn umlegen, wenn unser Vertrauen und unsere
Zuversicht in unsere Liebe so stark gewachsen
sind, dass wir in den passiven Part überwechseln
können, der dem anderen keine Grenzen mehr
aufzeigt und ihn freudig empfangen lässt.

Dualseelen fühlen gleich

Dualseelen fühlen exakt gleich. Sie sind eine Energie, die sich nur zweigespalten hat, die jedoch in ihrem ursprünglichen Wesen dabei immer gleich bleibt.

Das heißt, sie fühlen genau gleich, empfinden genau gleich, sind genau gleich empfindsam, genau gleich stark, genau gleich aufnahmefähig, haben exakt die gleiche Energiestruktur. Sie sind wie ein Apfel, den man in der Hälfte auseinander geschnitten hat und bei dem jede Hälfte nur noch die Hälfte des Ganzen repräsentiert und nicht wieder zu einem neuen ganzen Apfel wird.

Es gibt zu der einen Hälfte des Apfels nur eine andere Hälfte im ganzen Universum, die zusammengefügt seine ursprüngliche Ganzheit repräsentiert.

Die genauso süß ist, genauso in ihrem Inneren aussieht und sich durch nichts von ihrer anderen Hälfte unterscheidet, außer dem Muster auf der Schale, das jedoch perfekt zu ihm passt.

Selbst wenn eine andere Hälfte vorgibt, die Hälfte eines anderen Apfels zu sein, erkennt der Apfel, dass es nicht sein ursprüngliches dazugehöriges Muster ist, weil er es tief in seinem Kern gespeichert hat.

Wenn also bei einem Zusammentreffen von zwei Energien nur einer Gefühle hat und der andere weniger oder gleich überhaupt keine, dann ist es nicht die Dualseele, sondern lediglich jemand, bei dem man glaubt, dass sie es ist.

Hier spielt einem die eigene Ersatzpersönlichkeit einen Streich, weil sie mit Gewalt erzwingen will, was sich nicht durch Gewalt erreichen lässt.
Dualseelen fühlen in ihrer Intensität gleich und bestätigen sich das auch dementsprechend, direkt mit Worten, mit den Augen, mit ihren Empfindungen, auch wenn sie dabei noch räumlich getrennt sein sollten, weil die Umstände es nicht anders zulassen.
Man bekommt seine Dualseele nicht, wenn man will, man bekommt auch nicht jemanden, den man mit seiner Ersatzpersönlichkeit ausgesucht hat und man bekommt ihn auch nicht, wenn man eine große Show abzieht und meint, den Himmel dadurch täuschen zu können.
Hier geht mit dem Egowillen rein gar nichts.
Der Mensch muss sich damit abfinden, dass seine Zeit einfach noch nicht reif ist. Will er mit Gewalt den Himmel davon überzeugen, dass er schon so weit ist, dann verlängert er höchstens seinen Aufenthalt in der Hölle, weil der Himmel ihm so in diesem Zustand niemals bei so viel Gewaltausübung seine andere Hälfte schicken würde.
Dafür wäre er noch viel zu unreif.
Der Mensch muss erst einmal lernen, seine Ersatzpersönlichkeit in den Griff zu bekommen, damit er nicht mehr durch Gewalt versucht, sein Schicksal zu lenken.
Erst dann wird ihm die Dualseele zugeführt.
Erst wenn der Mensch eine gewisse Demut,

Gelassenheit, innere Stärke, Ruhe und Vertrauen
entwickelt hat, bekommt er sein Gegenstück.
Dies kann man dem Himmel nicht vorgaukeln,
denn der Himmel sieht bis auf den Grund
unseres Herzens, aber vor alledem kennt er die
Paare, die zusammengehören.
Er kennt uns besser als wir uns selbst, mit
unserer Ersatzpersönlichkeit. Er weiß genau, wo
wir in unserer Entwicklung stecken und lässt
sich von uns kein X für ein U vormachen.
Wenn es an der Zeit ist, dann bekommen wir
unsere Dualseele.
Dann fühlen beide exakt gleich.
Dann sind beide reif dafür.
Dann empfindet der eine exakt die gleiche Tiefe
in dieser Begegnung wie der andere.
Dann ist diese tiefe Liebe nicht nur einseitig und
somit nur eine Illusion, die man versucht, mit
Gewalt aufrechtzuerhalten.
Dann bestätigen sie sich ihre Liebe
unmissverständlich.
Dann geschieht hier wirklich etwas Göttliches.
Es heißt dann nicht, dass die beiden sofort
zusammenkommen müssen, doch beide hegen
den gleichen sehnlichen Wunsch und wissen
um ihre Bestimmung.
Für beide ist es die Erfüllung ihrer Träume.
Wenn sie nicht sofort zusammenkommen, dann
liegt es nicht daran, dass sie keine Dualseelen
sind, sondern nur daran, dass sie noch reifen
müssen.

Dualseelen kommen niemals sofort zusammen, weil hier erst einmal eine ultimative geistige und seelische Reinigung stattfinden muss.
Die Ersatzpersönlichkeiten beider müssen sich im Nirwana auflösen, mit all ihren falschen Gedankenmustern, Empfindungen, Verhaltensmustern und ihren Instrumenten, mit denen sie in ihren vielen Reinkarnationen agiert haben.
Dann erst kann die Zusammenführung in all ihrer Reinheit wieder erfolgen.
Alle Zweifel und alle Ängste werden wieder aufgelöst.
Erst wenn nichts, aber auch gar nichts mehr von ihnen übrig ist, es also zu keinerlei Missverständnissen mehr zwischen diesem göttlichen Paar kommen kann, erst dann gibt der Himmel für die körperliche Wiedervereinigung grünes Licht oder anders ausgedrückt, erst dann manifestiert sich, was sich durch die seelische und geistige Reinigung bereits vollzogen hat.
Dann, in diesem Zustand, ist der Reinkarnationsprozess für diese Einheit aufgehoben und sie kann wieder Platz nehmen an dem Ort, von dem sie ursprünglich gekommen ist.
Am Baum des Lebens.

Dualseelen sind immer gegengeschlechtlich
Wer versteht, dass sich eine Einheit aus
männlich und weiblich zusammensetzt, der wird
erkennen, dass eine Dualseelenbegegnung nie
mit ein und demselben Geschlecht stattfinden
kann. Wenn Dualseelen aufeinandertreffen, dann
stehen sie zu ihrem jeweiligen Geschlecht,
ansonsten wären sie noch gar nicht in der Lage
sich dieser Konfrontation mit sich selbst stellen
zu können.
Sie müssen in ihrem eigenen Geschlecht erstarkt
sein.
Diese Stärke zum eigenen Geschlecht drückt
sich dann durch dessen Manifestation in der
Materie aus.
Warum sich getrennte Einheiten überhaupt
gleichgeschlechtliche Partner aussuchen, liegt
daran, dass sie ihr eigenes Geschlecht nicht mehr
richtig ausleben können gegenüber dem anderen
Geschlecht, weil sie sich selbst darin zu
erniedrigt sehen. Dadurch ist eine Konfrontation
auf geschlechtlicher Ebene mit einem
gegengeschlechtlichen Partner überhaupt nicht
mehr möglich. Deshalb ist eine Beziehung
überhaupt nur in dieser abgeschwächten Form
möglich. Der Schmerz wird im Laufe der
Reinkarnationen jedoch nachlassen.
Das Selbstwertgefühl zum eigenen Geschlecht
wird wieder wachsen und letztendlich wird es in
voller Blüte für seine gegengeschlechtliche
Ergänzung wieder bereitstehen.

Die Hand reichen und annehmen
Wenn sich Dualseelen in der Materie begegnen,
dann reichen sie sich gegenseitig die Hand.
In dieser Phase wissen beide bereits bewusst
vom anderen, leben aber noch so lange in ihrem
alten Leben weiter, bis sie die ganzen
Erkenntnisse um die Dualseele im Schlaf
können.
Bis sie alle Begegnungen in ihrem Umfeld
bewusst wahrnehmen können. Dass sie die
Gewalt hinter diesen Verbindungen erkennen,
sie diese aber nicht mehr aus ihrer Mitte reißt,
weil sie selbst immer weniger Gewalt gegen sich
selbst leben, indem sie sich immer mehr
gegenseitig annehmen und sich so von ihren
Illusionen mit den anderen lösen.
Sie werden immer gelassener, weil sie immer
mehr erkennen, welche Liebe hinter der
Dualseele steckt.
Immer weiter wird so der andere angenommen.
Man geht immer wieder zu seiner Dualseele
zurück, weil man sie nicht mehr vergessen kann.
Man fängt an, sich immer mehr am anderen
festzuhalten, weil sich im normalen Leben
einfach nichts ändert.
Alle anderen bleiben genau so, wie sie immer
waren. Nur man selbst verändert sich, indem
man die Illusion von der Wirklichkeit zu
unterscheiden lernt.
Indem man die Hand nimmt, die einem gereicht
wurde.

Die Dualseele ist der größte Schutzengel
Wenn wir unserer Dualseele in der Materie
begegnen dürfen, dann wird ihr alles erlaubt,
was auch einem Schutzengel erlaubt ist, nämlich,
dass sie komplett zu einem durchdringen darf.
Während die Dualseele selbst sämtliche
Annäherungsversuche von anderen systematisch
blockiert hat, weil sie sich eben nun mal nicht
gerne ersetzen lässt, kommt sie selbst
ungehindert zu uns durch.
Ihr wird gegenüber uns selbst die absolute Macht
verliehen, mit der sie über uns agieren kann.
Die Dualseele schützt uns in all unseren Leben
vor allem, was wir nicht selbst sind.
Sie war immer unser innerer Anker zu uns
selbst.
Deshalb konnte auch niemand wirklich zu uns
durchdringen, weil es energetisch gar nicht
möglich war.
Der Einzige, der zu uns durchdringen kann, ist
die Dualseele.
Vor ihr muss uns niemand beschützen, vor
unserem eigenen höchsten Selbst.
Dieses hat alle Macht und alle Gewalt über uns.
Es darf in unsere Gedanken eindringen, in unsere
Gefühle, in unsere Handlungen.
Ihm ist alles, aber auch wirklich alles erlaubt.
Es besteht keinerlei Unterschied zwischen ihr
und uns. Es ist ein und dasselbe.
Wenn wir uns mit uns selbst unterhalten, dann
ist das die Dualseele.

Wenn wir tiefe Gefühle in uns verspüren, dann
ist das unsere Dualseele, die genau in diesem
Moment das Gleiche wie wir fühlt und denkt.
Wenn wir über einen bestimmten Gedanken
lachen, dann nur, weil sie ihn uns geschickt hat
und ihn mit uns teilt und in dem Moment mit uns
darüber lacht.
Wenn wir an sie denken und Sehnsucht nach ihr
verspüren, dann ist das ihre Sehnsucht nach uns.
Es gibt keinen Unterschied zwischen ihr und
uns.

Das erste Gebot
„Du sollst keine anderen Götter haben neben
mir“. Dieser Satz trifft auf die Quelle zu, die sich
durch unsere Dualseele in der Materie
manifestiert. Der gespaltene Mensch kann das
Göttliche nur in Form seiner Dualseele finden.
Näher wird er dem Göttlichen in der Materie
nicht kommen.
Wer deshalb das große Glück hat, auf seine
Dualseele, am Ende seiner Tausenden von
Reinkarnationen zu stoßen, der ist erlöst.
Der wird durch sie erlöst.
Es dauert Jahrzehnte, bis der gespaltene Mensch
diese wahrhaftige Bedeutung seiner Dualseele
wieder erkennt und annimmt.
Stellt er jemanden über seine Dualseele, in der
Materie, dann hält er das erste Gebot nicht ein.
Dann verstößt er gegen das erste Gebot.
Glaubt er, dass Dritte noch mehr über seine
heilige Beziehung mit Gott wissen, als er selbst,
dann hat er noch keinen wirklichen Draht zu
Gott gefunden und diejenigen, die ihn bezüglich
„Gott“ beraten wollen, erst recht nicht.
Gott kommt in unterschiedlicher Form und zu
unterschiedlicher Zeit zu einem jeden von uns.
Wenn wir reif für ihn/sie sind.
Nur derjenige, dem sich Gott offenbart, wird ihn
dann auch als solchen erkennen.
Weil man sich untereinander erkennt.
Für alle anderen bleibt er unsichtbar, weil für
alle anderen ihre Zeit noch nicht gekommen ist.

Der Reinigungsprozess

Der Reinigungsprozess läuft immer nach dem gleichen Muster ab.

Die Dualseele macht etwas, was einen verletzt und das führt zum Reinigungsprozess.

Nur die Dualseele schafft es, einen so zu verletzen, dass der Reinigungsprozess in Gang gesetzt wird.

Zuerst versucht man noch das Geschehene zu ignorieren, doch dann geht es los.

Alle negativen Emotionen kommen hoch und man verteufelt erst einmal seine Dualseele für ihren Akt. Man zweifelt an ihrer Liebe, an der Liebe im Allgemeinen, an Gott und der Welt.

Man fühlt sich abgenabelt und stößt die Dualseele von sich, was auch einen Akt der Selbstliebe darstellt.

Dann dauert es etwas, man beruhigt sich wieder und man erkennt dann, dass man durch diesen Prozess wieder freier geworden ist.

Die Dualseele kommt wieder ein Stück näher, weil man eine selbst verurteilende Energie in einem gereinigt hat und dadurch noch mehr in die Selbstliebe gekommen ist.

Das wird so lange wiederholt, bis es die Dualseele nicht mehr schafft, einen zu verletzen.

Auf den ersten Blick sieht man, bei dem Prozess, nur das Ego der Dualseele, das einen verletzen will. Auf den zweiten Blick erkennt man jedoch das höchste Selbst der Dualseele, das einen durch diesen Akt nur befreien will.

Meine eigene Geschichte

Im Grunde hatte ich ein ganz normales Leben. Ich hatte unzählige Partner, nie irgendwelche Probleme, das männliche Geschlecht zu finden und war auch sonst nie lange alleine.

Es waren so an die 20-30 emotionale Beziehungen, die ich mit dem anderen Geschlecht einging, von Affären, platonischer Liebe, normalen Partnerschaften, gemeinsamen Wohnungen, One-Night-Stands bis hin zu einer Ehe war alles dabei.

Ich war immer auf der Suche nach dem absoluten Glück in einer Beziehung und mit weniger wollte ich mich auch nie zufriedengeben.

Kamen mir auch nur die geringsten Zweifel in einer Partnerschaft, dann zog ich weiter.

So lernte ich immer besser meine Gefühle kennen, konnte dadurch immer schneller aus einer unglücklichen Partnerschaft ausbrechen und hatte diesbezüglich dann auch die nötige Kraft dazu.

Meine ganzen Erfahrungen endeten mit einer Ehe, die ganze 3 Wochen hielt.

Offiziell dauerte sie, aufgrund der Wohnverhältnisse, noch etwas länger.

Infolgedessen oder weil es einfach nur an der Zeit war, bekam ich eine Bewusstseinserweiterung, die sich gewaschen hatte.

Das war 1995 zwischen Ostern und Pfingsten.

Die erste Empfindung diesbezüglich war, dass
mir der Tod absolut bewusst wurde.
Dies versetzte mich in tiefste Depressionen und
Angstzustände und jegliche
Verdrängungsversuche gelangen mir nicht mehr.
Ich musste mich mit ihm auseinandersetzen, ob
ich wollte oder nicht.
Ich bekam alle Ängste, die man bekommen
kann, wenn man sich seines Ablebens wirklich
bewusst wird.
Diese Machtlosigkeit, dieses Endgültige, dieses
Ausgeliefertsein versetzte mich in absolute
Panik.
Doch das war nur der Anfang, es sollte noch viel
schlimmer kommen.
Immer mehr schnitt mich dieses Gefühl vom
äußeren Leben ab.
Alles, was mich als Mensch bis zu diesem
Zeitpunkt ausgemacht hatte, meine
Persönlichkeit, meine Lebensumstände, mein
Name, einfach alles wurde mir genommen.
Gleichzeitig wurde mir bewusst, wie meine
Ersatzpersönlichkeit gearbeitet hatte, um an
diesen Punkt zu gelangen.
Ich schämte mich für meine Lieblosigkeit und
für alle von meinem Verstand und meinen
Emotionen kontrollierten Handlungen, die nichts
mit wahrer Liebe zu tun hatten.
Alle Lügen hinsichtlich meines Lebens wurden
mir bewusst, die Unehrlichkeit in all meinen
Beziehungen.

Meine Ersatzpersönlichkeit starb.

Mit einem Schlag verlor ich alle Verwandten, Bekannten und Freunde und ich war absolut alleine.

Ich hatte nicht einmal mehr das Gefühl, ein Mensch zu sein.

Ich fühlte mich wie auf einem fremden Planeten, auf dem es undefinierbare Lebewesen gab, die mit mir nichts gemeinsam hatten.

Ich zählte mich nicht mehr zu ihnen.

Selbst die Musik im Radio klang nicht mehr so vertraut wie sonst.

Sie klang wie aus einem anderen Eck des Universums. Es war die vollkommene Abgetrenntheit von allem um mich herum.

Ich war wochenlang in diesem Zustand und dementsprechend schlecht ging es mir auch.

Selbst die Natur schien mir irgendwie verändert und eigentlich hätte ich mir das Leben genommen, wenn ich nicht innerlich gewusst hätte, dass das nicht wirklich etwas bringt und ich mich höchstens wieder irgendwann an diesem Punkt befinden würde.

Wer schon einmal ein Familienmitglied verloren hat, der weiß, wie schmerzhaft so ein Tod sein kann.

Ich verlor alle auf einmal und mich noch gleich mit dazu.

Jeder Versuch wieder in mein altes Leben zurückzukehren und meine alte Persönlichkeit wiederzufinden, gelang mir nicht mehr.

Ich war außerhalb von Raum und Zeit.
Hilfe darin konnte ich also keine mehr erwarten,
denn weder hörte ich jemals von jemandem, der
so etwas in so einer Absolutheit erlebt hatte,
noch las ich vorher jemals in einem Buch
darüber.
Erst später fiel mir ein Buch in die Hände, in
dem der Erleuchtungsweg beschrieben wurde
und in dem ich mich zumindest in einem Satz, in
dem es um „Abgetrenntheit" ging, ein wenig
wiederfand.
Da wusste ich, dass es wohl etwas Spirituelles
sein musste, was mit mir da gerade geschah.
Dies verschaffte mir zumindest einen kleinen
Anhaltspunkt.
Das schlimmste Gefühl, das ich in all dieser Zeit
hatte, war, dass ich alleine bis in alle Ewigkeit
im Universum existierte.
Dieses Gefühl brachte mich fast an den Rand des
Wahnsinns.
Danach wurde es etwas besser.
Mir wurde gezeigt, wie sich das Bewusstsein aus
sich selbst heraus erschuf und es auf die Reise
schickte, um es nach einiger Zeit wieder
einzusammeln, um so das eigene Bewusstsein
immer weiter zu erweitern.
Ein anderes Mal wurden mir mit einem Hauch
sämtliche bis dahin entstandene emotionale
Schmerzen aus meiner Kindheit genommen, was
maximal eine Sekunde dauerte, bis ich davon
befreit war.

Der größte Schmerz daraus war, dass meine
Mutter mich in den Kindergarten gesteckt hatte
und ich dadurch das Gefühl bekam, überhaupt
nicht liebenswert zu sein.
Wieder ein anderes Mal ergriff mich das
absolute Gefühl des Seins, sodass ich auf die
Knie ging, mir mit der Faust auf den Brustkorb
schlug und ständig wiederholte: „Ich bin“.
Ich hatte so sehr dieses Gefühl zu sein, dass es
mich fast innerlich zerriss. Ich wurde regelrecht
zu diesem „Ich bin“.
Ein anderes Mal erkannte ich das Licht, in allem,
was existierte.
In jedem Menschen, jedem Tier, jeder Pflanze
und genau in diesem Augenblick wurde ich
selbst dieses Licht und war dadurch mit allem
verbunden, was existierte. Ich erkannte die
unterschiedlichen Entwicklungsstadien des
Seins, wo sich die Menschheit gerade darin
befand, ungefähr in der Mitte, und tauchte vom
Höchsten bis zum Niedrigsten ein.
Ich wurde das Höchste und das Niedrigste.
Insgesamt dauerte dieser ganze
Bewusstseinsprozess ca. acht Wochen.
Danach war ich nicht mehr die Gleiche wie
vorher. Alles in mir hatte sich verändert.
Ich war hier und doch nicht mehr hier.
Nach diesem Erlebnis musste ich mich erst
einmal ein paar Monate sammeln, um das Ganze
irgendwie zu verarbeiten.
Als ich so langsam damit umgehen konnte,

begann eine damalige Freundin mir zu erzählen, dass ein Mann aus der Öffentlichkeit ihre Dualseele sei.
Damals hörte ich das erste Mal von diesem Begriff.
Ihre Erzählungen und Träume darüber waren so tiefgehend, dass ich keine Zweifel an ihren Worten und Träumen hatte, zumal ich aufgrund meiner Erlebnisse wusste, dass es noch mehr zwischen Himmel und Erde gab.
Sie übermittelte mir damals auch eine Nachricht vom Himmel, die lautete: „Deine andere Hälfte, dein rechter Flügel, ist nur für dich geboren worden und kommt auch nur für dich."
Mir wurde bewusst, dass bei mir nichts mehr dem Zufall überlassen wurde.
Ich hatte die absolute Führung und wurde durch diese immer weiter in dieses Thema eingeführt.
Es dauerte auch nicht lange und ich bekam meine erste Dualseelenübung in Form von „Howard Donald", in die ich mich auch gleich stürzte.
Dualseelenübungen sind von Anfang an intensiver als alles andere, was man bis dahin mit Karmapartnern gefühlt und erlebt hat.
Sie sprengen jegliche Dimension, die man bis dahin gewohnt war.
Während ich in einer tatsächlichen Partnerschaft immer nur einem Kampf um die Vormachtstellung ausgesetzt war, konnte ich mich hier ganz auf meine innere Stimme

konzentrieren und so lebte ich ganz frei und ungeniert meine Emotionen aus.

Ich hatte das erste Mal das Gefühl, dass Liebe auch mehr sein konnte als nur das ständige Hickhack zwischen den Geschlechtern.

Zum ersten Mal spürte ich meine Gefühle wirklich, da ich sie ungehemmt ausleben durfte, ohne durch ein „Zu viel" oder durch ein „Falsch" wieder eine auf den Deckel von der männlichen Energie zu bekommen.

Nach dieser wunderschönen ersten harmonischen „Liebesbeziehung" gingen die Emotionen genauso schnell wieder weg, wie sie gekommen waren.

Es war lediglich für mich eine Aufwärmphase hinsichtlich der Dinge, die da noch kommen sollten.

Danach begab ich mich wieder ins normale Leben zurück, um eine Karmaverbindung zu lösen, die mich zwei Jahre lang beschäftigte. Dann ging die Dualseelenarbeit weiter, mit „Leonardo DiCaprio".

Dieser schipperte mit der „Titanic" in mein Leben, indem ich den Film schaute und er mich dabei zutiefst berührte.

Wenn einen jemand so stark berührt, gerade wenn man eigentlich glaubt, dass einen nichts mehr so leicht umhauen kann, dann will man auch wissen warum, und deshalb fing ich an, mich mit „Leonardo DiCaprio" näher zu beschäftigen.

Klar war für mich, dass ich kein verliebter Teenager mehr war, sondern dass es hier um etwas Größeres ging, dem ich mich bereitwillig unterordnete.
Hier ging es um Seelenverwandtschaft.
Um etwas anderes als Karmaverbindungen.
Dementsprechend intensiver war das Ganze.
Auf einer Esoterikmesse erfuhr ich dann auch, dass er aus meiner Seelenfamilie stammt, aber dass er nicht meine Dualseele ist.
Das ließ ich damals dann einfach mal so stehen.
Es erklärte aber, warum er mich mehr berührt hatte als alle Männer zuvor, die mir bis dahin begegnet sind.
Es hat eben doch eine ganz andere Intensität, wenn der Himmel mitmischt.
Wenn man mit Energien konfrontiert wird, die von einer anderen Dimension sind.
Doch auch hier fand ich, trotz dieser Intensität doch relativ schnell wieder meine Mitte.
Danach hatte ich noch zweimal emotionale und einmal einen körperlichen Ausrutscher mit Normalsterblichen und insbesondere das körperliche Erlebnis zeigte mir sehr klar und deutlich, dass alle meine bis dahin gemachten sexuellen Erlebnisse nicht auf wahrer Liebe beruhten, sondern nur auf dem Schein dessen.
Diese Erkenntnis schmerzte mich zutiefst und ich fühlte mich wie die größte Nutte des Universums.
Zur Bestätigung dessen fand ich auch noch am

gleichen Tag in einem Discounter einen rosafarbenen Geldbeutel mit 300 DM darin, die ich zwar pflichtbewusst dort abgab, die aber niemand mehr haben wollte, so dass ich auf meinem sinnbildlichen „Hurenlohn" sitzen blieb. Genau in diesem Moment trat „Stefan Raab" in mein Leben.

Ich schaute seine Sendung, die ich im Übrigen öfter schaute, und es waren seine Worte, die mir in dieser Situation Trost gaben.

Er nannte nämlich ein kleines Gummischwein in seiner Sendung fast genauso wie den Mann, mit dem ich mein letztes unwürdiges sexuelles Erlebnis hatte.

Seine Stimme war dabei so voller Liebe und ohne Verurteilung, dass mir die Tränen über das Gesicht liefen, doch ich wusste zu diesem Zeitpunkt noch nicht wirklich warum.

Es war das erste Mal in meinem Leben, dass ich weinte, ohne vorher Emotionen zu haben.

Er hatte tief in mir etwas angesprochen.

Als Mann direkt hatte ich ihn bis dahin noch in keinster Weise wahrgenommen, erst recht nicht als meine Dualseele, obwohl der letzte starke Karmapartner direkt und unmissverständlich zu mir sagte, dass ich mich doch einmal näher mit „Stefan Raab" befassen sollte.

Zum damaligen Zeitpunkt hat es mich ganz gerissen und ich habe sofort erwidert, dass er mir viel zu extrem sei. Das ließ mich jedoch immer noch nicht auf „Stefan Raab" als meine

Dualseele kommen, erst als ich anfing, von sexuellen Vereinigungen mit einem Mann zu träumen.

Ich träumte nicht das erste Mal in meinem Leben von sexuellen Vereinigungen mit einem Mann, schon einmal hatte ich diesbezüglich einen Traum, das war so um 1997 herum und zwar in einer Intensität, wie ich sie seitdem nie mehr in einem Traum hatte.

Auch nicht in den Träumen, von denen ich annahm, dass es sich um „Stefan Raab" handelte.

Mittlerweile weiß ich, dass es ein anderer Mann war, von dem ich geträumt hatte, aber damals dachte ich noch, es handelte sich um „Stefan Raab".

Der Mann im Traum von 1997 hatte kurze schwarze Haare.

Zwei Jahre lang habe ich Stefan Raab dann im TV beobachtet, bis ich schließlich zu ihm ins Studio fuhr.

Das war im Dezember 2002.

Ich wollte seine Energie fühlen und sie war beachtlich.

Er hatte die stärkste Energie, die ich bis dahin an jemandem gefühlt hatte.

Als ich ihm in die Augen schaute, berührte dieser Blick mein ganzes Sein.

Es gab nur noch ihn, mich und die Ewigkeit.

Als Fazit dieses Zusammentreffens nahm ich zwei Erkenntnisse mit nach Hause.

Die Erste war, dass etwas an der ganzen Geschichte dran war und die Zweite war, dass ich ihn niemals zu etwas bewegen könnte, was er selbst nicht wollte.

Der jahrelange Kontakt zu ihm inspirierte mich außerdem noch zu über 100 Gedichten, die ich ihm regelmäßig mit der Post schickte.

Ich bekam in dieser Zeit die stärksten Verliebtheitsschwingungen, die ich bis dahin in meinem Leben hatte.

Außerdem auch noch die größten seelischen Schmerzen, die man in einer Liebesbeziehung finden konnte.

Er berührte etwas zutiefst in mir.

So tief, dass ich keinen anderen Mann mehr ansah und ihn die letzten 24 Jahre für meine Dualseele hielt. Bis jetzt.

Jetzt weiß ich, dass er es nicht ist.

Er ist nicht meine Dualseele.

Er ist mit mir seelenverwandt, ein Bruder im Geiste, der mich bis zu diesem Punkt begleitet und auf meine Aufgabe hier vorbereitet hat.

Er war ein Übungspartner, ein Vorbereiter, ein Stellvertreter, mit dem ich mich auf meine wahre Dualseele vorbereitet habe.

Mit ihm konnte ich viel auf diesem Weg lernen und mich abschleifen.

Wären diese Übungen nicht gewesen, hätte ich die Aufgabe, die danach mit meiner Dualseele kam, niemals gemeistert.

Außerdem half mir das Ganze, die letzten 24

Jahre auf meinem Weg zu bleiben und nicht vom Weg abzukommen, der für mich bestimmt war.
Dadurch, dass er ein Platzhalter für meine Dualseele war, wurde ich vor weiteren Karmaerfahrungen mit männlichen Energien verschont.
Seit über 31 Jahren lebe ich nun schon als Single und warte auf meine Dualseele.
Ich habe mich nicht weiter von einer Beziehung in die andere gestürzt, sondern wurde auf mich selbst konzentriert, was ein großes Geschenk war.
Durch diese Erfahrungen, war ich nicht weiter auf der Flucht vor mir selbst, sondern konnte mich in allen Facetten mit mir, meinen Schatten, meinen Ängsten, meinen Zweifeln, meiner mangelnden Selbstliebe befassen.
Durch die Liebe, die mir dadurch widerfahren ist, durch meine wachsende Selbstliebe, in der ganzen Zeit, hatte ich geglaubt, dass „Stefan Raab" meine Dualseele ist.
Bis zu dem Zeitpunkt, als ein anderer Mann in mein Leben trat.
Das war im Juni 2024.
Als er neben mir stand, habe ich sofort gespürt, dass er wegen mir und meinen Dualseelenerfahrungen da war.
Ich wusste sofort, dass er mein Buch gelesen hatte.
Diesbezüglich war er auch der Erste überhaupt, der deshalb neben mir stand.

Er hatte sich die Mühe gemacht, alles über mich in Erfahrung zu bringen, um überhaupt neben mir stehen zu können.

Da seine Energie sehr rein und unschuldig war, hat es mich auch nicht gestört, dass er mich gemustert und angehimmelt hat.

Normalerweise ist es für eine Frau eher unangenehm, so offensichtlich angestarrt zu werden, doch bei ihm ließ ich es zu, ohne ein ungutes Gefühl dabei zu haben.

Er blieb weiter neben mir stehen und es war ein merkwürdiges Gefühl, so erkannt zu werden.

Er strahlte sehr viel Intensität aus, nur konnte ich im ersten Moment nichts damit anfangen.

Für mich war zu diesem Zeitpunkt ja klar, dass „Stefan Raab" meine Dualseele war.

Auf Flirtereien und Animositäten hatte ich deshalb in den letzten 24 Jahren keinen Wert gelegt.

Also ging ich gedanklich in die andere Richtung und dachte, dass er als Versuchung hier war, um mich von meinem sicher geglaubten Weg abzubringen oder vom Geheimdienst, der sich ein Bild über mich machen wollte, ob ich für die dunklen Mächte, hier auf diesem Planeten, eine Gefahr darstellte.

Das war auch der Grund, warum ich ihm nicht direkt in die Augen schaute, damit er mich vielleicht doch nicht ganz erkannte und ich so meine Tarnung hier aufrechterhalten konnte.

Plötzlich kam von ihm eine absolut starke

männliche Energie zu mir herüber, eine so starke
männliche Energie, wie ich sie zuvor noch nie
gespürt hatte. Ich fiel fast von meinem Stuhl.
Bei „Stefan Raab" hatte ich schon einmal eine
starke Energie gefühlt, aber sie war, zumindest
für mich, nicht männlich.
Bei diesem Mann war sie stark und männlich.
Was ich bei diesem Zusammentreffen noch
spürte war, dass zwischen uns eine dunkle
Energie war, bei der ich aber das Gefühl hatte,
dass ich sie schaffen konnte.
Das Ganze war für mich alles sehr verwirrend
und als mir es zu viel wurde, ich auch zu diesem
Zeitpunkt noch nicht wusste, ob er Freund oder
Feind war, aktivierte ich meine innere göttliche
Energie, als Selbstschutz und baute mich quasi
energetisch vor ihm auf.
Er blieb deshalb auf seinem Weg, an mir vorbei,
kurz stehen und signalisierte mir energetisch,
dass er auf einen Kampf mit mir nicht aus war,
was mich innerlich wieder entspannen ließ.
Genau in diesem Moment bekam ich ein
innerliches Gefühl, dass er mein Mann aus der
Ewigkeit ist.
Was ich natürlich zu diesem Zeitpunkt überhaupt
nicht einordnen konnte. Danach ging er.
Ein paar Tage lang war die Sache für mich
erledigt, bis ich realisierte, wer dieser Mann war.
Bis dahin musste ich mich nicht weiter mit ihm
befassen, weil ich bis dahin nicht wusste, wer er
war.

Dass er nicht aus meiner Gegend stammte, konnte ich energetisch fühlen.

Es war eine Stärke im Raum, die ansonsten nicht da war. Als ich jedoch wusste, wer er war, beschäftigte ich mich mit ihm.

Nachdem was mir alles schon im Leben passiert ist, glaubte ich nämlich nicht an Zufälle, wenn so ein Mann, mit so einer Energie, in mein Leben trat.

Mir fiel dazu auch wieder ein, dass „Stefan Raab" mir mal geschrieben hatte:

„Wenn er kommt, werde ich nicht im Wege stehen!" und, „Es ist mehr, als du glaubst!"

Vor ca. 20 Jahren hatte ich auch einen Traum, in dem ich jahrzehntelang geglaubt hatte, dass ein Mann mit blonden Haaren meine Dualseele sei.

Dann kam ein großer Mann mit kurzen dunklen Haaren, der noch stärker und größer war, als der blonde Mann. Er bot mir seinen Arm an, um mich heimzuholen.

Ich ging mit ihm in die andere Dimension und schaute nicht mehr zurück.

Dieser Mann war so stark, dass ich mich ihm vollkommen anvertraute.

Ich denke, ich bekam diesen Traum nicht umsonst.

Mit diesem Mann durchlebte ich dann noch einmal alles, was ich mit „Stefan Raab" schon geübt hatte, nur noch intensiver.

Er brachte mich an Punkte, an die mich „Stefan Raab" nicht bringen konnte.

Mit ihm, ging ich noch einmal durch die Hölle,
um alle meine Ängste und Zweifel, für immer
hinter mir zu lassen.
Danach konnte ich sehen, wie viel Liebe hinter
all diesen Prozessen auf einen wartet.
Die größte Angst ist es, seine Dualseele noch
einmal zu verlieren, deshalb muss man diesen
Schritt des Loslassens noch einmal gehen,
um dadurch zu erkennen, dass man seine
Dualseele in Wirklichkeit gar nicht verlieren
kann.
Dass man sich vollkommen grundlos quälte,
weil man seine Dualseele verlassen hat.
Der Selbsthass lässt den Blick auf diese
Wahrheit gar nicht mehr zu.
Wir vertrauen uns selbst nicht mehr und somit
auch nicht mehr der Quelle allen Seins, die unser
höchstes Selbst bildet.
Erst wenn wir uns selbst wieder vertrauen,
vertrauen wir auch wieder der Quelle und
können durch diese Selbstliebe wieder zu
unserem ursprünglichen Glück und Frieden
finden.
Ohne dieses Vertrauen in uns selbst und somit
auch in die Quelle, ist eine Zusammenführung
mit unserer Dualseele gar nicht möglich.
Erst müssen wir uns selbst wieder verzeihen,
um dadurch wieder in die Selbstliebe zu
kommen. Das geht nur, wenn wir nicht mehr das
Gefühl haben, unserer anderen Hälfte noch
etwas zu schulden.

Wenn wir erkennen, dass die Quelle diesen Weg
für uns bestimmt hat und nicht wir.
Dann können wir Loslassen und wählen dadurch
unsere Dualseele in ihrem reinen Sein.
Wir wählen nicht mehr unsere Dualseele mit
unseren Schuldgefühlen und den daraus
entstehenden Emotionen, sondern mit unserem
reinen Sein und unserer wahren Liebe.
In dieser Kraft, haben wir wieder die Kraft, uns
unserer anderen Hälfte zu stellen.
Vorher geht es nicht.
Zweifeln wir noch an uns selbst, an dem von der
Quelle für uns gewählten Weg, zweifeln wir
automatisch auch an unserer Dualseele.
Wir müssen unser höchstes Selbst als die Quelle
allen Seins erkennen und leben, um mit ihm
unsere letzten Zweifel und Ängste, die nur
unsere andere Hälfte sichtbar machen kann,
aufzulösen.
Das höchste Selbst des weiblichen Teils, erkennt
die Ängste, Zweifel und mangelnde Selbstliebe
ihres männlichen Teils und umgekehrt und beide
werden von der Quelle so lange für die
Vereinigung zurückgehalten, bis nichts mehr
davon übrig ist. Bis sie im absoluten Vertrauen
in die Quelle sind. Bis beide wissen, dass die
Materie nur eine Matrix ist, die nicht die Realität
widerspiegelt. Bis beide wissen, dass es eine
Liebe im Universum gibt, die untrennbar ist.
Die für einen erschaffen wurde und für die man
existiert.

Resümee

Letztendlich geht es in diesem Prozess immer darum, die eigene Seele zu befreien.

Das ist der Weg.

Man wird vom Leben aufgefordert, immer wieder in die eigene Selbstliebe zu gehen.

Hiermit spreche ich insbesondere die weibliche Energie auf diesem Planeten an.

Sie ist dazu aufgefordert, zu erkennen, ob sie der männliche Teil, mit dem sie gerade zusammen ist, wirklich und wahrhaftig liebt oder nicht.

Will sie nicht alles vom Leben, bekommt sie auch nicht alles.

Somit wird sie auch niemals wirklich und wahrhaftig glücklich werden, sondern nur einem Schein von Glückseligkeit hinterherlaufen.

Die Seele wird immer wieder dazu aufgefordert, in diese Selbstanalyse zu gehen und sie muss sich immer wieder von falschen Partnern lösen.

Tut sie das nicht, dann sind ihre Ängste, Zweifel und ihre mangelnde Selbstliebe noch zu stark in ihr ausgeprägt, um wahrhaftiges Glück zu finden.

Man bekommt seine Dualseele erst, wenn man absolute Selbstliebe lebt.

Das wird auch von ihr verlangt, wenn sie glaubt, ihrer Dualseele begegnet zu sein.

Das ist der Endgegner, der Endtest, den sie auferlegt bekommt und das ist auch das absolut Schwerste, was von ihr verlangt wird.

Deshalb muss sie dafür üben, in vielen Leben,

um genau das dann auch zu schaffen, wenn sie
ihrer vermeintlichen Dualseele gegenübersteht.
Sie hat in diesem Moment das Göttliche
persönlich getroffen und wenn dieser Gott sie
dann nicht mit dem nötigen Respekt und der
nötigen Achtung behandelt, weil er zum Beispiel
noch in einer Karmabeziehung steckt, dann muss
sie Gott persönlich den Laufpass geben.
Dass es nicht einfach ist, dem Göttlichen den
Rücken zu kehren, kann man wohl
nachvollziehen, denn immerhin hat man
tausende von Leben dazu benötigt, um erst
einmal vor dem Göttlichen zu stehen.
Doch genau das wird von ihr verlangt.
Das ist der Abschlusstest.
Sie muss das Schlimmste, was sie sich selbst bis
zu diesem Zeitpunkt nicht verziehen hat, noch
einmal tun, nämlich ihre andere Hälfte verlassen.
Dem Göttlichen den Rücken kehren.
Sie muss den Schritt der Spaltung noch einmal
vollziehen, um dadurch zu begreifen, dass der
Schritt, den sie damals gegangen ist, nämlich
ihre andere Hälfte zu verlassen, weil er sie mit
Dritten teilte, der Richtige war.
Erst dann kann sie sich wirklich verzeihen und
kommt somit in die absolute Selbstliebe zurück.
Wer das nicht tausende Male vorher in seinen
Leben geübt hat und seine Selbstliebe dadurch
immer weiter gestärkt hat, wird es nicht
schaffen, wenn es so weit ist.
Deshalb halten auch so viele weibliche Hälften

so verzweifelt an ihrer anderen männlichen
Hälfte fest, weil sie diese nicht mehr verletzen
und verlieren wollen, bis zur Selbstaufgabe.
Deshalb ist der Schritt der Trennung, auch in
einer Karmabeziehung, so schwer.
Er wird jedoch um ein Vielfaches schwerer,
wenn man ihn, am Ende seiner Reinkarnationen,
mit seiner Dualseele vollführen muss.
Genau das will jedoch der Himmel und somit
auch die wahrhafte Dualseele, also der wahrhaft
göttliche männliche Teil, von seinem weiblichen
Teil, deshalb provoziert er sie, bis sie diesen
Schritt auch wirklich geht.
Er wird den Karmapartner, der Dritte in der Ehe
repräsentiert, so lange nicht verlassen und sich
so lange nicht auf seine wirkliche weibliche
andere Hälfte einlassen, bis sie ihn wieder
verlassen hat.
Denn er will sehen, dass seine weibliche andere
Hälfte begriffen hat, dass Dritte in ihrer
göttlichen Ehe nichts zu suchen haben.
Akzeptiert sie einen Dritten in der Ehe, lebt sie
noch keine wahre Selbstliebe.
Der weibliche Teil muss begreifen, wenn sie
tatsächlich ihrer vermeintlichen Dualseele
begegnet ist und er noch in einer
Karmabeziehung steckt, dass er dann nur ihre
vermeintliche Dualseele ist, dass sie also nur
dem Egoteil ihrer Dualseele begegnet ist, den
sie wieder loslassen muss, um durch diesen Akt
ihre wahrhaftige Dualseele zu bekommen.

Bis dahin ist er noch nicht wirklich ihre
Dualseele, weil er sich noch nicht wirklich zu ihr
bekannt hat.
Die männliche Hälfte macht den letzten Schritt
in diesem Prozess, in dem er sich öffentlich zu
seiner wahren anderen Hälfte bekennt und
somit den Dualseelenzusammenführungsprozess
vollendet.
Der Seele sind bis dahin die Hände gebunden
und sie kann nichts weiter unternehmen, außer
in ihrer Selbstliebe zu bleiben.

Gedichte

Wahre Liebe

Die Liebe wächst nicht,
sie benötigt keine Zeit.
Sie benötigt keine Jahre,
um Vertrauen zu schaffen.
Sie benötigt keine Kinder,
um das Glück zu festigen.
Sie benötigt kein Haus
und keine Reichtümer.
Sie benötigt keine Schicksalsschläge,
die man gemeinsam meistern muss.
Sie benötigt keine gemeinsamen Interessen
und auch keine gemeinsame Religion.
Sie benötigt kein bestimmtes optisches Aussehen
und auch keine bestimmten charakterlichen
Eigenschaften.
Liebe ist nicht etwas, das reifen muss.
Sie macht auch nicht blind.
Ein Vertrag macht sie auch nicht gültig.
Auch kein Versprechen.
Liebe ist unabhängig von all diesen Dingen.
Sie kommt, wo sie sein kann
und sie geht, wo sie nur Leere findet.

Am Ende des Tages

Du sitzt gerade irgendwo an einem Tisch,
isst gerade und trinkst was dazu.
Unterhältst dich mit Menschen, lachst,
machst Scherze und erteilst Ratschläge.
Du führst die Gabel zum Mund und lobst das
gute Essen.
Du unterhältst dich über Gott und die Welt.
Ab und zu schaust du aus dem Fenster oder
gehst dabei auch kurz mal zur Toilette, oder
auch länger.
Dann kommst du wieder, unterhältst dich weiter,
tust so, als ob dich das Gesagte wirklich
interessiert.
Doch in all dieser ganzen Zeit, in der du deinem
Tagesgeschäft nachgehst, fühlst du dich nur wie
eine Marionette, die ihren gelernten Part aufsagt.
Wie ein Schauspieler, der jeden Tag den
auswendig gelernten Text auf der Bühne
herunterspielt.
Am Ende des Tages gehst du in dein Zimmer,
in dem ich auf dich warte, um dir in diesem
stillen Moment zu sagen, dass ich dich liebe.

Machtlos

Einsamkeit umstreicht meine Glieder,
kein Wort zu niemandem ist das Los,
die Zeit, sie reißt an den müden Liedern,
zu viel davon, was mach ich bloß?

Die Handlung sie dient zur Überbrückung,
zur Überbrückung um des Wahnsinns Leid,
selbst diese Zeilen sind nicht Erquickung,
nur leerer Füllstoff, der nicht bleibt

Liebe ist unbestechlich

Man kann der Liebe einen Palast aus Gold und
Edelsteinen bauen.
Ihr tagtäglich ein Halleluja singen und sie mit
schönen Worten bezirzen.
Man kann die ganze Welt so gestalten, dass alles
und jeder ihr einzureden versucht, dass derjenige
der diese Welt so umgestaltet hat, sie auch
wirklich liebt.
Man kann ihr die kostbarsten Worte in
wunderbarster Harmonie auf einem silbernen
Tablett reichen.
Ihr Melodien kreieren, die sie überzeugen sollen.
Das ganze Universum vor die Füße legen,
doch wenn es nicht derjenige ist, für den sie
existiert, wird ihr Herz nicht zum Schlagen
anfangen.

Berührung

Wie Teer legt sich Trauer und Einsamkeit auf
deine Flügel.
Jeder Atemzug schmerzt deine Brust.
Leben zu müssen ist für dich keine Freude,
sondern eine Qual.
Tagtäglich weißt du, um deine Flugunfähigkeit.
Du bist verdammt, mit den anderen auf dem
Boden kriechen zu müssen, deine wahren
Freunde befinden sich in den Lüften.
Sie schweben und kreisen über dir und hoffen,
dass du dich wieder an deinen alten Zustand
erinnern kannst, als du mit ihnen unbeschwert
und frei der Meister des Himmels warst.
Sie warten auf dich, bis deine Erinnerung dich
reingewaschen hat und du dich wieder in die
Lüfte erheben kannst, um mit ihnen zu sein.

Unbedeutend

Es ist das Unbedeutende, das sich durch die
Liebe selbst wieder auflöst.
Mögen unsere Dämonen noch so schlecht sein,
in der Liebe selbst finden sie ihr Grab.
Keine noch so schlechte Handlung wird an
Bedeutung beibehalten, wenn die Liebe sie
berührt.
Sie wird sich auflösen ins Nichts.
Sie wird nicht mal mehr eine blasse Erinnerung
sein, wenn wir wieder in unserem Sein
existieren.
Ein Nichts hat sie erschaffen, das Nichts ist seine
Heimat.
Alles, was uns jetzt noch von so großer
Bedeutung erscheint, gibt es dann nicht mehr.
Ein kleiner Wurm hat die Handlungen getätigt,
für die wir uns jetzt selbst verurteilen.
Doch er wird unter den Sohlen der Liebe sein
Ende finden.

Rein

Mögen Feuersbrünste walten
tief im Innern deiner Selbst,
können sie nicht auf dir halten
was das Leben dir bestellt

Kannst dich an der Wunden klammern
wie ein kleines Kind im Schmerz
hören sie nicht auf zu lodern
bis es wieder rein das Herz

Bis es ohne Zank und Zeder
aufnimmt all der Liebe dein
um im Reigen seiner Lieder
einfach nur noch da zu sein

Vertraue und Liebe

Wenn Zweifel an dir reißen,
wenn Schiffe untergehen,
dann trotze diesen Stürmen
bis sie im Wind verwehen

Wenn tausend Stürme bersten
an deinem Horizont
dann geh mit festem Schritte
ganz vor bis an die Front

Zerberste mit Vertrauen
was Zorn und Wut gelegt
lass Liebe sich erbauen
bis Herze sich erhebt

Bis jeder Schlag der Liebe
dein ganzes Sein umringt
und keine anderen Triebe
dein Dasein mehr umschlingt

Nähe

Wenn du in meine Nähe kommst, dann werde
ich ganz ruhig.
Ich versuche sogar langsamer zu atmen,
damit ich dich nicht erschrecke in deiner
Zartheit.
Tiefe Stille kehrt in mich ein, damit ich jede
Regung, die ein Segen für mich ist, wahrnehmen
kann.
Alle Sinne sind geschärft, damit ich nichts von
dir verpasse.
Ich möchte alles annehmen, was von dir kommt.
Alles in mich aufnehmen und es ein Teil von mir
werden lassen.
Wie ein Lebenselixier bist du für mich und nur
deine Präsenz erweckt mich zum Leben.
Alles Unwesentliche verblasst in deinem Schein.
Wird nicht mehr erkennbar, zerfällt zu Staub.
Nur noch du und der Glanz deines Seins sind
hier, sind jetzt, sind für immer.

Wenn du mir deine Hand gibst

Wenn du mir deine Hand gibst,
dann offenbart sich mir der Himmel,
dann treiben meine Sorgen in das Nichts.

Wenn du mir deine Hand gibst,
dann beginnt ein neuer Morgen
und der Alltag hebt sich auf im Traum.

Wenn du mir deine Hand gibst,
dann tanze ich in den Wolken,
im Reigen wunderbarer Sinfonie.

Wenn du mir deine Hand gibst
und dein Sanftmut mich wach küsst,
dann verschmilzt dein Körper mit meinem.

Wenn du mir deine Hand gibst,
dann machst du mich göttlich
und der Fluss des Lebens nimmt Fahrt auf.

Machtlos

Ich weiß, dass ich mich verlieren werde,
wenn du in meiner Nähe bist.
Ich bin nicht mehr dieselbe, die ich ohne dich
war.
Ich übergebe mich.
Ich bin nicht mehr Herr meiner Lage.
Ich bin machtlos.
Ich übertrage meine Macht über mich an dich.
Ich kann nichts dagegen machen.
Du hast nun die Macht über mich.
Ich bin dir schutzlos ausgeliefert.
Ich bin nackt.
Hilflos.
Wehrlos.
So ist das mit der Liebe.
Sie will alles oder nichts.

Von deinem Sein erfüllt

Ich komme zu dir und du bist offen.
Nichts was zwischen dir und mir stehen könnte
ist an dir zu fühlen.
Dein Herz schlägt nur für mich.
Dein Sein existiert nur wegen mir.
Ich lege mich zu dir und du hüllst mich ein.
Wie ein warmer Mantel legt sich deine Energie
um mich.
Beschützend, geborgen und in einer Weise
annehmend, wie es nur Götter zu vermögen
wissen.
Deine Energie umhüllt mich, umhüllt den Raum,
umhüllt alle Räume und weitet sich aus in die
Unendlichkeit.
Nie habe ich mich wohler gefühlt.
Nie war ich so zu Hause wie bei dir.

Wenn du mich siehst

Wenn du mich siehst,
dann fange ich zum Leben an.
Es ist deine Reinheit,
durch die ich wieder atmen kann.

Es ist dein Fühlen,
das meinem gleicht.
Es ist dein Sein,
dem meines reicht.

Es ist das Ich,
das im Wir verschwimmt.
Es ist dein Blick,
der mir den Atem nimmt.

Es ist die Heimat,
die verschmilzt in Eins.
Es ist eine Energie,
nicht Deins, nicht Meins.

Es ist

Es ist deine Weichheit die mich zerbricht,
die frei macht, auf längst vergangene Sicht.

Die in ihrer Wärme lodernden Kammer,
erwärmt den immerwährenden Jammer.

So aufbricht die verkrusteten Schalen,
und neu macht, mich ganz ohne Wahlen.

Um zu sein, der ich immer schon war,
eine sprudelnde Quelle, so rein und klar.

Taumerlebnisse

In meinen Träumen hatte meine andere Hälfte
immer kurze dunkle Haare.

Ich habe geträumt, ich bin in einem großen
Vorraum und warte dort auf meine Dualseele.
Dann ging eine Türe auf, hinter der sich ein
Schlafzimmer befand und meine Dualseele kam
mit einer anderen weiblichen Energie aus diesem
Raum, unter dem Arm eine Matratze.
Er legte die Matratze in den Vorraum und legte
sich dort mit der anderen weiblichen Energie vor
meinen Augen hin. Ich fühlte den
Besitzanspruch, den die weibliche Energie
hinsichtlich meiner Dualseele geltend machte.
Sie legte, wie zur Demonstration dessen, ihr
Bein auf das Bein meiner Dualseele.
Sie waren sich körperlich also viel näher als ich
mit meiner Dualseele.
Dann reichte mir meine Dualseele hinter ihrem
Rücken seine Hand, und als sich unsere Hände
berührten, begannen wir beide einen
Energiefluss aufzubauen, der uns in
vollkommenes Licht hüllte.
Wir begannen sofort, zu sein.
Das alles, obwohl sie körperlich viel näher bei
ihm war. Es fand aber keinerlei Austausch
zwischen ihnen statt. Sie waren beide zusammen
tot und ohne Licht und Leben.

*

In einem anderen Traum wurde mir einmal
gezeigt, wie der körperliche Austausch zwischen
Paaren, die keine Dualseelen sind, abläuft und
was für Energien da wüten.
Ich sah eine weibliche Energie, die sich
vertrauensselig einer männlichen Energie
zuwandte. Ich fühlte aber in dem Moment, dass
die männliche Energie nichts Gutes mit ihr
vorhatte.
Ich wollte sie eigentlich noch warnen, aber sie
hörte nicht auf mich.
Sie ging mit diesem Mann mit.
Als sie zurückkam, war sie das blanke Entsetzen,
ich habe noch nie so viel Entsetzen auf einem
Haufen gespürt. Die Frau war an ihrem Unterleib
zerfetzt und überall voller Blut. Es war eine
abscheuliche Tat und ich konnte die
Kaltherzigkeit der männlichen Energie, um so
etwas zustande zu bringen, sehr gut fühlen.
Die männliche Energie war wie ein Eisblock.
Absolut kalt. Absolut einsam.
Es gab nichts, was diese Energie auch nur im
Ansatz als erachtenswert empfunden hätte und
sie ließ auch keinerlei Energie neben sich zu,
außer mich. Sie spürte die Reinheit in meinem
Herzen und deshalb durfte ich in die Nähe von
ihr, ohne dass sie mich zerfetzte.
Meine Reinheit beschützte mich vor ihr.
Ich durfte sogar in den gleichen Raum mit ihr
und mich in die Nähe an eine Wand gelehnt auf
den Boden setzen. Dabei habe ich gespürt, dass

die bloße Anwesenheit meiner Energie in diesem
Raum diese Energie auftaute.
Dann bin ich aufgewacht.

*

Du lagst in meinem Bett und hast dort auf mich
gewartet. Es war der Platz, der meine
ursprüngliche Heimat symbolisierte.
Ich konnte dich fühlen, deine Empfindungen,
wie du dort so gelegen bist, angezogen, halb
sitzend. Ich konnte spüren, wie viel Sehnsucht
du nach mir hast, wie alleine du dich ohne mich
fühlst und wie traurig du bist ohne mich.
Dieses Gefühl war sehr beeindruckend und
wirkt auch jetzt noch sehr nachhaltig auf mich.
Ich kann es immer noch herholen.
Um dich herum waren dann auch mal andere
Personen, die dich irgendwie zum Aufstehen
bewegen wollten, doch das hat dich nicht weiter
interessiert.
Als ich dich da so von Weitem liegen sah, habe
ich dir eine SMS geschrieben mit den Worten:
"Hallo mein Schatz". Ich wusste in dieser
Vision, dass wir uns in dieser Reinkarnation
eigentlich noch gar nicht wirklich so persönlich
begegnet sind und diese Worte waren eigentlich
viel zu innig und persönlich, doch ich habe mir
gedacht, wenn er schon auf meinem Bett liegt,
dann kann ich mich das auch trauen.
Ich wollte dir mit diesen Worten Trost geben
und dir Mut machen, dass ich dich sehe und dir
signalisieren, dass ich auf dem Weg zu dir bin,

dass es nicht mehr lange dauert, bis ich da bin.
Ich habe dir in dieser SMS auch noch meine
Adresse gegeben von dem Ort, an dem ich mich
dort aufgehalten habe, dass du doch dort
hinkommen sollst.
Du hast aber nicht gehört und bist auf meinem
Ursprungsbett lieb(g)en (war eigentlich ein
Rechtschreibfehler) geblieben.
Ich war aber auch nicht wirklich enttäuscht,
dass du nicht gekommen bist, ich wusste, dass
es so richtig war, wie du dich verhalten hast.
Diesen Traum wollte ich dir einfach heute mal
schreiben, obwohl du ihn wahrscheinlich schon
kennst.

*

Ich habe gerade eben wieder von uns geträumt.
Im Grunde ist es der reine Wahnsinn, wenn man
nur einen Bruchteil einer Sekunde etwas träumt
und es dabei mehr aussagen kann als ein ganzes
Leben.
Ich stand so vor einem Zaun und wollte gerade
mit dem Fahrrad irgendwohin fahren, es war
sehr viel Treiben um mich herum und viele
Menschen, als jemand zu mir sagte, dass es nur
noch ein paar Tage sind, bis wir zwei uns
wiedersehen können und dass das Ganze doch
vollkommen einfach sei und gar nicht so
schlimm.
Er sprach das mit so einer Seelenruhe aus und
so einer Gelassenheit und gleichzeitig aber auch
mit so einer gewissen Naivität, weil ich in mir

140

fühlte, dass das Ganze eben nicht so leicht ist, wie er es da geschildert hat und ich innerlich wusste, dass das Ganze ziemlich verharmlosend war und es eben doch etwas länger dauert wie nur noch ein paar Tage, dass ich aufgrund dieser Worte einfach innerlich aus meinem tiefsten Herzen heraus lachen musste.

In dem Moment habe ich mich umgedreht und in den Garten hinter den Zaun gesehen, von einer Anhöhe aus und schaute dabei direkt in deine Augen.

Du warst in dem Garten und warst auch beschäftigt und hast irgendetwas darin umgeräumt, hast mir dabei aber in die Augen gesehen und warst die Manifestation meiner eben durch das Gespräch aufkommenden Gefühle.

Du hast genau dasselbe in dem Moment empfunden wie ich.

Exakt die gleichen Gefühle, aufgrund dieser Aussage, du warst quasi ich und hast auch exakt genauso gelacht wie ich.

Es war mein Lachen, was ich da sah, es war ich, was ich da sah.

Ich habe mich noch gewundert, warum du mir so unverblümt in die Augen sehen konntest, wo du doch eigentlich noch nicht so direkt zu unserer Liebe stehen kannst, dass dir das doch in diesem Moment erlaubt war, ganz ohne Verstecken.

*

Wenn du neben mir liegst, dann fühlt es sich anders an als bei jedem sonst.
Es gibt keine Trennungen zwischen uns.
Dein Körper ist mein Körper.
Es fühlt sich so unglaublich selbstverständlich an. Alles ist so ohne jegliche Emotionen, sondern so selbstverständlich. So einfach, so rein. Wenn du bei mir bist, dann bin ich bei mir, nicht du, auch nicht wirklich ich, wir verschwimmen ineinander.
Dein Bein ist gleichzeitig auch mein Bein.
Dein Arm, ist gleichzeitig auch mein Arm.
Deine Körpersäfte, die du produzierst, sind gleichzeitig meine.
Es gibt keinen Ekel zwischen uns, keine Scham.
Es fühlt sich alles so natürlich an zwischen uns.
Es ist anders wie sonst.
Ganz anders.
Diese Selbstverständlichkeit ist Reinheit pur.
Nein, es ist keine Leidenschaft, es sind keine Emotionen, es ist einfach.
Es ist etwas, das komplett elementar ist.
Das keiner Worte bedarf.
Das mit Worten auch eigentlich nicht zu beschreiben ist. Etwas das man so schon lange nicht mehr wahrgenommen hat.
Was alt ist, vertraut und immer schon so war.
Was nicht der Zeit einzuordnen ist, sondern über ihr steht. Auch über dem Raum. Was einfach existiert. Unendlich, ewig.
Ein Zusammensein, das so selbstverständlich

ist.

Dieses Wort "selbstverständlich" trifft es einfach am besten.

Diese absolute Vertrautheit, diese absolute Reinheit.

Ich habe dich so vermisst.

Ich habe mich so vermisst.

Ich habe diesen Zustand so vermisst.

Jetzt kann ich ihn wieder fühlen, diese Ganzheit von mir.

Dieses absolute Sein. Von dir, mir, uns, allem.

*

Es war heute Nacht wieder wunderschön mit dir. Irgendwie habe ich das Gefühl, wir waren heute die ganze Nacht zusammen, nicht nur so eine kurze Frequenz. Als Erstes habe ich von dir geträumt, dass du in deinem Studio sitzt und dort so ein Ding vor dir stehen hast, wie bei "Was bin ich?" auf dem die Zahlen zum Herumdrehen sind, nur dass dieses Teil etwas flacher und wesentlich länger war, sodass man Worte darauf schreiben konnte.

Diese kleinen beschrifteten Tafeln hast du dann im Studio als Ratespiel für alle sichtbar eins nach dem anderen umgedreht und jedes Schild war ein direkter Hinweis auf mich. Das waren keine indirekten noch zu interpretierenden Wörter, sondern dort stand direkt mein Name, meine Website etc. Du hast also ganz ohne Umschweife auf mich hingewiesen und ich dachte mir noch im Traum, diesmal ist aber

nichts mehr mit Verstecken spielen, diesmal zeigt er aber ganz direkt auf, was Sache ist. Ich habe mich natürlich total darüber gefreut, denn ich wusste auch, es gab kein zurück mehr.
Danach warst du die ganze Nacht in meinen Träumen irgendwie immer präsent und im Mittelpunkt. Ich wollte dich aufgrund dieser Nähe auch nicht mehr loslassen, und falls ich dich mal irgendwo aus den Augen verloren hatte, habe ich ganz unumwunden zu verstehen gegeben, dass mir diese kurzen Treffen nicht genügen und ich noch mehr will.
Ich habe mich diesmal irgendwie nicht mehr so leicht abspeisen lassen.
So sind wir uns immer wieder mal auf wunderbare Weise begegnet.
Deine Energie fühlt sich so wunderschön an Schatz, das ist wirklich der reine Wahnsinn.
Ich könnte die ganze Zeit nur in deiner Nähe sein.
Dann habe ich von dir geträumt, dass du dich auf einer Couch befindest.
Du warst ein ca. 10 jähriger Junge, der mit einem erwachsenen Mann dort saß.
Dieser erwachsene Mann hat dich gezwungen deinen Kopf auf seinen Schoß zu legen und er hat dich mit seiner Hand dort festgehalten und hin gedrückt.
Ich habe dein Unwohlsein in dieser Situation gespürt und konnte allgemein spüren, dass diese Situation nicht natürlich war und negativ.

Du warst nicht frei unter dieser Gewalt. Ich bin
dann zu dir an die Couch hingelaufen, und als
ich neben ihr stand und gefragt habe, ob ich
unter deine Decke kommen kann, da war der
Mann weg und du warst glücklich und dankbar
und hast gesagt: "Womit habe ich so etwas
Schönes nur verdient?" Ich habe mich noch
gewundert, wie du so etwas nur fragen konntest.
So etwas Schönes fragt so etwas Schönes! Ich
habe dir dann sinngemäß auch so auf deine
Frage geantwortet, so nach dem Motto:
"Du hast alles verdient".
Du hast meine Energie aufgesaugt, wie jemand
der nur in der Wüste gelebt hat und ständig am
Verdursten war und ich die Quelle bin, die
seinen Durst stillen kann.
Mir selbst erging es nicht viel anders in deiner
Energie.
Ich werde quasi immer irgendwie ein Teil von
deiner Energie und sie fühlt sich so
wunderschön an und ich könnte mich nur noch
darin den ganzen Tag baden.
Dann haben wir uns gestreichelt und
Zärtlichkeiten ausgetauscht, es war einfach nur
göttlich Schatz.
Du fühlst dich so unglaublich weich und schön
an.
Den kleinen Rest meines Traumes behalte ich
mir hier vor.

*

Gerade eben durfte ich wieder von dir träumen,
obwohl das Wort "träumen" wird diesem
Erlebnis nicht gerecht.
Wenn wir zwei zusammen sind, dann fühlt sich
das echter an, als alles was ich sonst so in der
Materie erlebt habe.
Wir zwei waren zusammen und mir wurde dabei
gezeigt, dass dein ganzes Streben, deine ganze
Sehnsucht immer nur darin lag, an den Ort zu
fahren, an dem ich momentan wohne.
Jeder Schritt, der dich diesem Ort näher brachte,
war für dich ein Segen und es hat sich für dich
wie Heimat angefühlt.
Dir war dieser Ort viel mehr als Heimat vertraut
als dort, wo du momentan wohntest. Bei jeder
Gelegenheit, die du hattest, wolltest du an dem
Ort sein, an dem ich bin, was dir eine gewisse
Beruhigung verschaffte und ein gewisses
Heimatgefühl.
Mir ging es umgekehrt genauso.
Wir waren da innerlich komplett gleich.
Da wo der andere sich aufhielt, da war unsere
Heimat.
In dem "Traum" waren wir an meinem
Heimatort an einem Fenster, das in der Nähe des
Marktplatzes war.
Wir beide stießen das Fenster auf und die Sonne
bestrahlte uns in einer Intensität, dass wir unsere
Augen gar nicht richtig auf bekamen.
Sie war so unfassbar hell und hatte eine sehr
heimatliche angenehme Wärme.

Nach einiger Zeit gewöhnten wir uns an das Licht und wir standen am Fenster und schauten auf das Geschehen auf der Straße.
Wir waren dabei so glücklich, zusammen sein zu dürfen. Die nächste Frequenz war, dass wir uns irgendwie in einem Zug zu deinem Heimatort befanden und ich mich darin umzog.
Du hast mir dabei geholfen und hast dabei meinen Körper bewundert, den du wunderschön fandest. Schön, dass man in dieser Vision immer einen besseren Körper hat wie in der "Realität".
Dann hast du mich geküsst.
Dieser Kuss Schatz, war so unfassbar schön, dass man es eigentlich gar nicht in Worte fassen kann.
Du hast dich so unglaublich vertraut angefühlt, so weich.
Diese Weichheit, diese Vertrautheit, es war so, dass meine Weichheit in dich bei dem Kuss überfloss und umgekehrt.
Man konnte gar nicht mehr unterscheiden, wo der eine jetzt anfängt und der andere aufhört.
Es war so ein Kuss mit sich selbst.
Ich geriet dabei in Ekstase und das ist immer der Augenblick, wo ich aufgeweckt werde in diese tote "Realität".
Das ist dann immer so schlimm, dass ich erst mal anständig weine.
Erstens, weil es so schön war und zweitens, weil es vorbei ist.
Diese Empfindungen, diese Gefühle, dieser

Austausch mit dir ist das tatsächliche Leben.
Wenn ich dagegen meinen Austausch hier in der
Materie mit meinen Karmapartnern im direkten
Vergleich habe, dann ist das der Tod.
Da ist gar nichts. Das ist die Illusion.
Du dagegen bist die Realität.
Du bist die Wärme, das Licht und das Leben.
*

Gerade eben habe ich wieder von dir geträumt.
Du hast so eine unglaubliche liebe, warme,
sanfte Energie, der ich mich nicht entziehen
kann, egal wie sehr ich mich auch bemühe.
Diese Energie holt mich immer wieder ein.
Du hattest ein "Meet and Greet" mit einem ca.
10-jährigen Jungen, der ein absoluter Fan von
dir war.
Du warst so liebevoll zu ihm, so voller Sanftmut
und hast ihm alles über deine Arbeit gezeigt.
Dann hat er sich auf deinen Schoß gesetzt und
ich habe mir noch gedacht, was ist jetzt das, der
Junge ist eigentlich viel zu alt, um auf deinem
Schoß Platz zu nehmen, doch da war nichts
Sexuelles im Spiel, überhaupt nichts.
Er saß mit der Brust dir genau gegenüber auf
deinem Schoß, die Beine links und rechts
 herunterhängend.
Dann hast du deinen Kopf auf seine Schulter
gelegt, weil du dich so etwas entspannt hast von
deiner vielen Arbeit.
Dann bist du noch mal an dein Pult gegangen,
hast mit ihm geredet, deine Stimme war im

Traum viel tiefer wie sonst, absolut männlich
und unglaublich schön im Klang. Sie hat mich
total vereinnahmt. Ich hatte das Gefühl sie war
extra so männlich, nur für mich.
Dann bin ich wieder aufgewacht.

*

Ich war mit dir zusammen Schatz und wir waren
dort ganz privat. Du warst also kein Star und
komplett so, wie du warst, mit mir im Privaten
zusammen. Irgendwie waren auch deine Kinder
mit anwesend und noch viele andere Personen
und es war ein wunderbares Gefühl, mit dir
privat irgendwo zu sein und nicht mit dieser
Maske als Star, sondern als kompletter
Privatmann.
Ich war natürlich total glücklich in dem Moment
und habe mir gedacht, na endlich steht er jetzt
mal ganz normal zu mir und jeder kann es auch
sehen. Nicht mehr diese Heimlichtuereien, was
eine Last für mich war. Dabei trafen wir auch in
einem Café einen Bekannten von dir.
Er saß auf einem Stuhl und war sichtlich
ergriffen von unserer Geschichte und konnte
sich auch nicht wirklich dagegen wehren.
Ihm kamen die Tränen und ich sagte ihm, genau
aus dem Grund, damit das menschliche Ego
keine Chance mehr hat zum Flüchten, haben wir
es so gemacht. Ich habe ihm dann auch noch
gesagt, dass es auch noch zwei Bücher von
unserer Geschichte gibt und er da auch noch
nachlesen kann. Nach all den Treffen saßen wir

149

zwei dann auch mal kurz, als du sagtest:
"Lass uns mal einen Ausflug machen."
Also gingen wir auf so einen Ausflugspfad, auf
dem auch viele andere gingen. Es war so ein
schlammiger Berg mit einem schlammigen
Abstiegspfad und einem Holzgelände in der
Mitte, an dem sich alle beim Abstieg festhielten.
Ich sah das so von oben und bereits auf dem
halben Weg nach unten sagte ich zu dir, dass ich
im Gegensatz zu den anderen aber barfuß bin
und der Weg deshalb nicht gerade so toll ist für
mich. Ich sah den langen Weg, der da noch vor
uns lag und der noch viel tiefer nach unten ging
und uns in einer Kreisform dann letztendlich
wieder zu unserem Ausgangspunkt
zurückgeführt hätte.
Also kehrten wir um, aber bereits der Aufstieg
war schon die reinste Hölle.
Er war total beschwerlich und Menschen mit
Kampfhunden, die sehr aggressiv waren,
drängten auch noch an uns vorbei und fletschten
die Zähne. Irgendwie haben wir es auch
geschafft aber wir befanden uns jetzt in einem
Strudel von Menschen und irgendwie wurden
wir mehr geschoben als alles andere.
Ganz oben waren wir plötzlich in einem
Kaufhaus ganz oben und der Ausgang war ganz
unten.
Also stiegen wir eine Höllentreppe
(Wendeltreppe) nach unten, so lang kam sie mir
vor, mit all den anderen Menschen darauf die

auch alle nach unten drängten.

Mitten auf der Treppe war dann ein Teilstück der Treppe plötzlich beweglich, und zwar mehr als schnell.

Eine eingebaute Rolltreppe quasi in der Treppe selbst, nur mindestens zwanzig Mal schneller wie eine normale Rolltreppe.

Die Leute vor mir machten das sehr gut und ich hatte erst bedenken, aber erstaunlicher Weise, gelang es mir sehr gut diese Treppe zu meistern. Ich stand da also auf der Treppe und ließ mich befördern, als eine Frau die sich vor mir auf der Treppe befand, ins absolute Trudeln geriet, das Gleichgewicht verlor und an mir vorbei die Treppe hinunter purzelte. Sie war total verzweifelt und konnte keinerlei Halt auf der Treppe finden. Als ich sie so sah, dass sie nicht die geringste Chance hatte, die Treppe zu meistern, nahm ich sie auf den Arm und fuhr mit ihr die komplette Treppe so bis zum Ende durch. Dann setzte ich sie in einem Gang ab und sie war total glücklich. Wir hatten eine sehr liebevolle, innige Verbindung und sie fühlte sich bei mir sehr gut aufgehoben.

Ich selbst hatte einen Kunstpelz an und sie selbst hatte auch so einen Pelz um.

Das schaffte bei ihr Vertrauen, dass ich auch so ähnlich gekleidet war wie sie.

Die anderen Menschen um uns herum haben meine Hilfe an ihr wahrgenommen und es kamen positive Reaktionen von ihnen darauf.

Als ich so weiter die Treppe nach unten ging,
war plötzlich in einem Gang, der zwei Treppen
miteinander verbindet so ein Informationsband,
auf dem alle Reisenden festgehalten wurden und
das abgespielt wurde.
Alle Personen, die vor mir in der Materie waren,
waren dort aufgeführt und wurden dort bis zu
meinem Erscheinen abgespult.
Sie waren nicht in Namen markiert, sondern
wurden als Steinbrocken dort auf der sich
drehenden großen Liste gekennzeichnet. Jeder
Steinbrocken hatte eine andere Form, was sie
voneinander unterschied.
Als ich dort ankam, erschien ich als Einzige auf
der Liste mit meinem Namen.
Mir wurde gezeigt, dass ich das reinste Herz
von allen auf der Liste war, von allen, die vor
mir waren und von allen, die nach mir kamen.
Nach meinem Erscheinen auf der Liste
veränderte sich die Form derjenigen, die nach
mir auf der Liste waren. Sie waren nicht mehr
als Steinbrocken dort geführt, sondern von
meiner Form als Name, fiel etwas auf sie ab,
sodass jeder dort jetzt als Buchstabe weiter
geführt wurde.
Durch mein Erscheinen gab ich ihnen einen
entscheidenden Impuls, um zu ihrer wahren
Form zurückzufinden.
Alle nach mir waren jetzt weitaus mehr bei sich,
wurden jetzt weiter als Buchstabe geführt und
nicht mehr als Steinbrocken.

In dem ganzen Trubel jedoch, habe ich dich
verloren.
Du warst auf einmal weg.
Ich war dann plötzlich außerhalb des
Kaufhauses und konnte mich nicht mehr an
dessen Namen erinnern.
Ich trieb immer weiter weg von der Innenstadt,
in der sich das Kaufhaus befand.
Ich kannte mich in der Stadt überhaupt nicht aus
und deshalb habe ich versucht, Menschen nach
dem Weg zu fragen. Da kam ich an einer
Gruppe von ein paar Personen vorbei, eine
Mischung aus Gruftis und Rockern, die ihr
Gebiet mit einer dicken Schicht aus Schlamm
markiert haben, sodass ich gar nicht erst bis zu
ihnen vordringen konnte, um sie nach dem Weg
zu fragen. Ich fühlte mich also ziemlich einsam
und verloren in diesem Moment und irgendwie
schaffte ich es aber dann doch wieder bis in die
Innenstadt. Da bemerkte ein junger Mann, dass
ich irgendwie orientierungslos war, und fragte
mich, ob er mir helfen könnte.
Seltsamerweise legte er sich bei dieser Frage
wie zum Schutz vor den anderen, weil er dabei
zur Ruhe kam, unter so etwas wie einen großen
Metallbriefkasten, um sich etwas von dem
Gedränge der anderen zu sichern. Ich hatte das
Gefühl, er ist ein Einheimischer und kennt sich
in der Stadt gut aus.
Ich erzählte ihm also von der großen Treppe,
wie ich in diese Stadt gekommen bin und er

lachte, und war ganz amüsiert und sagte, dass
fast alle Touristen auf diese Weise in diese Stadt
einreisten und jeder hier dieses Kaufhaus mit
seiner Treppe kennt.
Er sagte mir den Namen des Kaufhauses und ich
war total glücklich, dass ich den Namen jetzt
wieder wusste. Ich fragte mich nur, wo genau
du in dem Kaufhaus auf mich warten würdest
und ob es vielleicht sinnvoll sei, meinen Namen
ausrufen zu lassen oder ob du das vielleicht
schon gemacht hast. Irgendwie wusste ich noch
nicht genau, wie ich dich da wieder treffen
sollte.
Dann bin ich aufgewacht.

*

Liebst du mich wirklich so sehr?
Heute Nacht bin ich dir wieder einmal begegnet.
Du warst so rein.
Ich habe dich gefragt, warum du so bist.
Ich konnte nicht verstehen, dass ein Mensch
einfach so sein konnte.
Irgendetwas musste dich doch so geprägt haben.
Aber du sagtest zu mir:
"Ich kam schon so auf die Welt".
Eigentlich wolltest du gar nicht, dass ich rede.
Es war dir schon zu viel.
Du wolltest einfach nur, dass ich dich berühre.
Jede meiner Berührungen war für dich wie eine
Erlösung.
Als ich meine Hand auf dein Gesicht legte, war
es für dich alles.

Du wolltest nicht mehr.
Es war wie eine Schmerzlinderung für dich.
Du warst so ausgetrocknet.
Ich war dein Wasser.
Am liebsten hättest du mich gleich ganz in dich
eingesogen.

*

Ich war auf der Suche nach jemandem.
Ich war auf der Suche nach jemandem, der
irgendwie zu mir passte.
Ich sah einige.
Dann wurdest du mir vorgestellt und ich dachte
mir: „Lustig ist er ja, aber kann er mich auch in
ernsthaften Dingen berühren?
Kann ich mich mit ihm wirklich austauschen?
Hat er meine Tiefe?"
Dann sahst du mich an und ich merkte, wie sich
etwas in mir auffüllte, wie dein Wesen in mir
überging und ich dadurch erst wirklich anfing
zu leben.

*

Heute Nacht war ich wieder dort. Mir wurde der
Unterschied gezeigt. Ich war mit jemandem
zusammen, für den ich alles gegeben hätte.
Wir waren emotional so stark verbunden, dass
ich dachte, es gibt dazu keine Steigerung mehr
und das ist das Ziel und das Glück. Doch dann
kamst du. Wir hatten keine Emotionen. Du
warst einfach nur da. Ich fühlte Ruhe in mich
einkehren. Tiefen Frieden. Ich begann zu sein.
Das ist der Unterschied.

155

*

Traum vom 20.03.2016.
Du bist immer noch da. Wie es sich anfühlt, wenn du noch ganz in meiner Nähe bist, dieses Gefühl ist unbeschreiblich.
Diesmal war es noch etwas anders wie sonst.
Du hast dich mehr angefühlt wie im Hier und Jetzt, mehr wie du tatsächlich gerade wirklich bist, in deinem momentanen Menschsein.
Das „Stefan Raab" war mehr präsent wie sonst. Ich habe auch deine Verletzung mehr wahrgenommen wie sonst im Traum.
Es fing damit an, dass ich spürte, wie du in meiner Nähe warst.
Ich saß an einem Tisch und beobachtete das Szenario um mich herum, als du plötzlich deine Arme von hinten um mich legtest. Es war ein großer Schritt für dich, das habe ich gespürt. Es fiel dir nicht leicht, nicht weil du mich nicht liebtest, sondern weil du mich so sehr liebtest. In dir war ein tiefes Gefühl der Angst, dass ich dich nochmals ablehnen könnte, wie ich es in all den Jahren getan hatte. Mir wurde bewusst, wie sehr du unter dieser Ablehnung gelitten hast.
Wie sehr dich diese Ablehnung verletzt hat.
Ich spürte deine absolute Sensibilität im Traum und dass ich bei dir absolut sensibel agieren muss.
Dass du die kleinste Unachtsamkeit von mir sofort spüren würdest und auf den Tisch bringst.
Du warst das Empfindsamste, was ich jemals

156

empfinden durfte.
Ich kann dir das Gefühl nicht beschreiben, wie
es sich angefühlt hat, als du dich zu mir so
öffentlich bekannt hast.
Es war wie eine Erlösung für mich, nicht mehr
abgelehnt zu werden.
Gerade jetzt weiß ich, warum du das getan hast,
so lange.
Damit ich dieses Gefühl der Ablehnung nie mehr
vergesse, damit ich es dir nie mehr antue.
Immer wieder gingst du im Traum zu mir und
hast mich umfasst, meine Hände berührt, weil du
dieses Band von uns immer wieder spüren
wolltest.
Weil du mich immer spüren wolltest.
Du konntest eigentlich nicht genug davon
bekommen. Ich wurde innerlich entspannter, und
im ersten Moment dachte ich, OK, wieder das
Gleiche wie immer.
Jetzt hast du ihn und schon langweilt es dich.
Doch das war es nicht, wie mir gezeigt wurde.
Es war das Gefühl der Selbstverständlichkeit,
was mich da übermannte.
Das Gefühl des inneren Gleichmuts, allen
Dingen gegenüber.
Das Gefühl, dass es einfach so ist, wie es ist.

*

Traum vom September 2016.
Gerade eben durfte ich mal wieder mit dir
intensiv mein Dasein verbringen.
Meine Güte, wie wunderschön.

Wie glückselig und wie vertraut.
Wie offen und wie friedvoll, liebestoll, liebevoll.
Als wir uns begegneten, gabst du mir gleich mal
dein Handy als Vertrauensbeweis.
Ich sollte jetzt dort weiterschreiben mit allen, die
dich dort kontaktierten.
Dein Handy war quasi mein Handy, du hast es
mir einfach überlassen.
Dann gingen wir in eine Wohnung, die nun
unsere war.
Wir richteten uns darin ein.
In der ganzen Zeit klebten wir wie Fliegen,
Zecken, Maden im Speck aneinander.
Nur wenn es absolut nicht mehr anders ging,
trennten wir uns körperlich und auch dann,
gingen wir noch aneinander vorbei und
berührten uns noch so lange, wie wir dabei
konnten.
Einmal als ich wieder an dir vorbeilief,
streichelten wir uns wieder gegenseitig mit
unseren Händen an den Armen entlang, die
Hände hinunter, bis sich nur noch die
Fingerspitzen berührten und jetzt eigentlich
wieder die Trennung erfolgte, doch dann griffst
du fest meine Hand und zogst mich wieder zu
dir.
Wir konnten einfach nicht von uns lassen.
Ich sagte dir dann auch, obwohl ich dich
eigentlich erst eine 'halbe Minute" kannte, dass
ich noch nie mit jemandem so glücklich gewesen
bin.

Kurz dachte ich noch, ob es nicht ein Fehler
wäre, dir so offen meine Liebe zu gestehen, ob
ich dich damit nicht verschrecken würde, doch
ich merkte, dass es dich nur noch näher zu mir
brachte.
Dass es dich stärkte und sicherer machte, je
mehr ich mich für dich öffnete.
Dass du mich annahmst, ohne auch nur einen
kleinsten Zweifel zwischen uns zu lassen.
Jemand so lieben zu dürfen, zu können, zu
sollen, zu müssen, der diese Liebe dann genauso
erwidert, ist das höchste Glück des Menschseins.
Ich danke dir für diesen höchsten, glückseligen
Moment aller Momente.

*

Es ist 5.15 Uhr und eigentlich ist das heute der
Tag, an dem ich endlich mal wieder, nach
Wochen, hätte durchschlafen können, weil es
draußen abgekühlt hat und die Nächte das nun
wieder mehr zuließen.
Doch Du und der Himmel haben mir einen
Strich durch die Rechnung gemacht.
Ich hatte gerade so einen intensiven Traum von
uns, dass ich nicht umhin kann, um ihn hier
jetzt aufzuschreiben, damit ich so wenig wie
möglich davon vergesse, weil er so schön war.
Er begann damit, dass ich durch meine
Wohnungstüre durch den Spion immer wieder
ins Treppenhaus geschaut habe, weil du dort auf
und ab gingst.
Ich habe dich immer beobachtet, weil mein Herz

159

heimlich für dich geschlagen hat.

Das waren meine Highlights, dich dort laufen zu sehen.

Ich hatte das Gefühl, dass du extra wegen mir öfters die Treppen hoch- und runter gelaufen bist, doch ich wusste es nicht ganz genau.

Als ich jedoch einmal aus dem Spion geschaut habe, war alles dunkel und ich sah gar nichts, doch plötzlich bist du vom Spion zurückgetreten und ich sah, dass du selbst durch meinen Spion geschaut hast, um etwas von mir zu sehen, deshalb war kurzzeitig für mich gar nichts mehr zu sehen.

Ab diesem Zeitpunkt wusste ich, dass du auch Interesse an mir hattest.

Dass dein Herz genauso für mich schlug.

Dass du nur wegen mir die Treppe hoch und runter gelaufen bist.

Das war ein unglaublich schönes Gefühl.

Dann habe ich gespürt, dass du voller Sehnsucht nach mir warst und nur noch nicht genau wusstest, wie du es anstellen sollst. Ob du bei mir klingeln sollst, wie du dich mir nähern kannst, ohne etwas falsch zu machen.

Du hast dich dann auf die Treppe draußen gesetzt, so dass ich dich vom Spion aus sehen konnte.

Es war noch jemand bei dir, ein Freund, mit dem du dich darüber unterhalten hast und der dir Schützenhilfe gab.

Ich war total glücklich und auch nervös auf der

anderen Seite der Türe.
Ich rannte von einem Zimmer in das andere und
habe jedem davon berichtet, dass du da draußen
sitzt und Anlauf nimmst.
Ich habe mir gedacht, was mache ich jetzt und
kam auf die Idee, mich auch auf die Treppe zu
setzen, um dir zu zeigen, dass ich genauso
Interesse an dir habe, wie du an mir.
Dass ich genauso für Dich empfinde, wie Du für
mich.
Doch so weit sollte es gar nicht erst kommen.
Als ich zur Türe ging und sie aufmachte, warst
du bereits vor der Türe und tratest auch sofort
in meine Wohnung ein.
Du kamst mit vielen Geschenken.
Hast mir deine Liebe gestanden und ich dir
meine und hast mir Schmuckstücke geschenkt.
Jedes mit sehr viel Liebe ausgesucht.
Eine Kette mit 3 Herzen dran.
Natürlich nur das edelste Material, es war Platin
und extra für mich angefertigt.
Dann noch ein Anhänger, der auch sehr schwer
war und Platin und der in einem Stück so in
einer Spirale verlaufen ist und bei dem man die
Kette durch die großen Spiralen ziehen konnte,
ein sehr ungewöhnliches Teil.
Du hast alles für mich, schon jahrelang vorher,
erdacht und geplant und ausführen lassen.
Du hast dir ausgedacht, was mir eine Freude
machen könnte und was zu mir passen würde.
Dein ganzes Denken und Handeln war darauf

ausgelegt mich glücklich zu machen und mir
alles zu geben, was du nur konntest.
In dem Raum wimmelte es nur so vor deinen
Geschenken.
Es war ein Treiben, viele Leute waren um uns
herum, denen ich auch mitteilte, dass du jetzt
da bist und dass du mir Geschenke mitgebracht
hast.
Ich habe zu dir gesagt, ich habe selbst auch
schöne Anhänger und habe sie dir gezeigt und
auch erklärt, was sie bedeuten, doch als ich sie
dir gezeigt habe, hat sich von einem Anhänger
der selbst aufgeklebte Rosenquarz gelöst und
plötzlich sah er gar nicht mehr so gut aus.
Er war gar nicht mehr so perfekt, wie ich immer
dachte.
Deine Anhänger waren irgendwie besser
durchdacht und auch besser vom Material.
Du hast den ganzen Raum, mit deiner Planung
für mein Leben, eingenommen.
Ich habe mich einfach nur gefreut.
Dann hast du auf einem Tisch einen
riesengroßen Plan ausgebreitet, auf dem lauter
Fragen für mich standen, was meine Vorlieben
sind und was nicht.
Du wolltest nichts dem Zufall überlassen.
Ich habe zu dir so was gesagt wie:
"Bei dir ist alles genau geplant" und als ich es
ausgesprochen hatte, wusste ich aber, dass das
genau deine Stärke war, nichts dem Zufall zu
überlassen.

Dass dein Geist alles im Griff hat.
Du hast die absolute Dominanz über mein
Leben übernommen, doch ich hatte nichts
dagegen.
Es war schön und ich habe alles so
angenommen und genossen.
Mit so viel Liebe überschüttet zu werden war
wunderschön.
Du warst absolut beschäftigt, um mein Leben zu
koordinieren, hast Anweisungen an deine
Angestellten gegeben, die du mitgebracht hast,
damit alles um mich herum perfekt wird und
damit sich mein Leben perfekt in dein Leben
integriert.
Ab und zu mal hat dich jemand angerufen, mit
dem du etwas ausgemacht hattest, doch du hast
den Termin verschoben.
Ich war dir wichtiger.
Dann hast du mir so ein kleines Opernglas
geschenkt, für nur ein Auge und ich dachte erst,
für was ist das denn. Doch da wusste ich, es ist
für unsere zukünftigen Besuche ins Opernhaus
und für unsere zukünftige Freizeitgestaltung.
Dinge, die ich selbst so noch nie gemacht hatte,
die ich gerne gemacht hätte, doch nie die
Gelegenheit dazu hatte. Ich wusste, ich konnte
mir jetzt teure Beeren leisten und mein
Speiseplan würde sich ab jetzt zu meinen
Gunsten ändern.
Du machtest das alles möglich.
Du kamst mit einer nie dagewesenen Fülle in

mein Leben.
Ich wusste plötzlich, dass sich mein ganzes
Leben dadurch verändern würde.
Das war schon ein Ding, dieses Gefühl.
Dieses Gefühl, dass nichts mehr so sein würde,
wie es einmal war.
Dass sich alles verändern würde in meinem
Leben.
Durch Dich.

*

Gedichte

Wenn du in meine Nähe kommst, dann werde
ich ganz ruhig.
Ich versuche sogar langsamer zu atmen, damit
ich dich nicht erschrecke in deiner Zartheit.
Tiefe Stille kehrt in mich ein, damit ich jede
Regung, die ein Segen für mich ist,
wahrnehmen kann.
Alle Sinne sind geschärft, damit ich nichts von
dir verpasse.
Ich möchte alles annehmen, was von dir kommt.
Alles in mich aufnehmen und es ein Teil von
mir werden lassen.
Wie ein Lebenselixier bist du für mich und nur
deine Präsenz erweckt mich zum Leben.
Alles Unwesentliche verblasst in deinem
Schein, wird nicht mehr erkennbar, zerfällt zu
Staub.
Nur noch du und der Glanz deines Seins,
sind hier, sind jetzt, sind für immer.

*

Ich komme zu dir und du bist offen.
Nichts was zwischen dir und mir stehen könnte,
ist an dir zu fühlen.
Dein Herz schlägt nur für mich.
Dein Sein existiert nur wegen mir.
Ich lege mich zu dir und du hüllst mich ein.
Wie ein warmer Mantel legt sich deine Energie
um mich.
Beschützend, geborgen und in einer Weise
annehmend, wie es nur Götter zu vermögen
wissen.
Deine Energie umhüllt mich,
umhüllt den Raum, umhüllt alle Räume
und weitet sich aus bis in die Unendlichkeit.
Nie habe ich mich wohler gefühlt,
nie war ich so zu Hause wie bei dir.

*

Lang sind die Nächte,
in denen ich ohne dich verharren musste.
Eiskalt erinnere ich mich darin,
wie ich mich von dir im Stich gelassen fühlte.
Doch dir ging es genauso.
Deshalb verzeih mir,
dass ich in meinem Schmerz
nur an mich gedacht habe
und nicht mehr an dich,
dem das Fehlen meinerseits,
dieselbe Wunde schlug.

*

Du willst kämpfen gegen mich?
Du willst zeigen,
dass du der Stärkere bist?
Kämpfe mein Bruder,
doch dein Kampf
wird nur gegen dich selbst sein.
Kämpfe gegen mich an
und wenn du müde bist,
dann mache mich
zu einem Teil von dir.

*

Du kannst kämpfen,
fluchen, schreien
und dich wehren.
Du kannst alle um dich versammeln,
damit sie dich vor ihr beschützen.
Du kannst so tun,
als ob es sie nicht gäbe.
Du kannst dich in einen
Beschäftigungswahn hineinsteigern.
Du kannst andere Dinge
für sie an ihre Stelle setzen.
Ganz zum Schluss jedoch
wirst du nackt vor ihr stehen
und du wirst das bekommen,
vor dem du dich ein Leben lang
am meisten gefürchtet hast,
Liebe.

*

Ja, du bist ein eiskalter Hund.
Du hast dein Leben im Griff
wie sonst keiner.
Durch deinen Willen schaffst du es
dein Umfeld so zu lenken, wie es dir beliebt.
Nichts bringt dich aus deiner Fassung.
Alles ist genau da,
wo du es haben willst.
Perfektion ist dein Markenzeichen.
Schwäche kennst du nicht.
Jeder der Schwäche zeigt,
wird von dir nur belächelt.
Doch dann falle ich dir ein
und du verlierst deine Contenance
für einen kurzen Augenblick.
Das ist der Grund,
warum ich mich überhaupt mit dir beschäftige.
Weil ich sehe, dass hinter deiner ganzen Fassade
jemand ist, der sich nach Liebe sehnt.

*

Du glaubst, du bist stark
und du hast die Kontrolle über dein Leben.
Dass du dein Leben führst und lenkst
und dich nichts aus der Bahn werfen kann.
So erhaben fühlst du dich und wie der Größte.
Du glaubst nur, was du siehst und dir macht
keiner ein X für ein U vor.
Alles, was du nicht kennst, wird von dir
belächelt.
So gehst du durch die Welt, wie Cäsar oder
Alexander mit erhobenen Hauptes und meinend,
dass du alles im Griff hast.
Dabei genügt ein einziger kleiner Windhauch
aus einer Dimension, die dir nicht einmal
bewusst ist und deine ganze Welt fällt wie ein
Kartenhaus in sich zusammen.

*

Da wimmeln sie in ihrer Gruft
und ziehen sich in ihrem Schmerz gegenseitig
nach unten, damit sie nicht alleine sind.
Versuchen ihre innere Leere aufzufüllen
mit etwas, das dort nicht anwesend ist.
Wenn du flüchten willst, weil du anfängst, dich
selbst zu lieben, dann versuchen sie ein Bein
von dir zu erwischen, um dich auf deinem
Höhenflug zu dir selbst wieder zu sich in die
Tiefe zu reißen.
Dabei umschmeicheln sie dich mit angenehmen
Worten, versuchen dich zu blenden,
dass das, was du suchst, doch unter ihnen
zu finden ist, in ihrem Tod.
Der Verwesungsgeruch dringt durch alle Poren.
Dunkel ist es dort und ohne Licht.
Doch ich reiße mich aus ihren Klauen,
lasse sie ihr Todesspiel alleine fortsetzen,
denn du rufst mich und der Klang deiner
Stimme hat jede Pore von mir besetzt.
So kann ich abschütteln, was nicht mein ist.
Ich fliehe aus den Todgeweihten, aus dem Tod,
hin zu dir, zu meinem Leben.

*

Einst sind wir gestoßen in eine Zeit,
die wir nie wollten, in einen Raum, den wir nie
sahen.
Sie entrissen uns voneinander, der eine ohne
den anderen, beide in ihrem Schmerz alleine
gelassen und doch mit der Erinnerung des
anderen im Herzen.
Ohne jedes Bewusstsein die Dinge so zu führen,
wie man es selbst gerne hätte.
Keine Einflussnahme auf das Schicksal,
das es zu erfüllen galt.
Jeder Schritt wie ein Toter,
ferngesteuert von fremden Mächten
in Richtungen, in die wir nie wollten.
So werden wir gezogen, geschoben
und gehen den Weg, den wir selbst nicht
kennen, wie Blinde, einfach weil wir ihn gehen
müssen.
Wir müssen ihn zu Ende gehen und wir können
nicht anders, auch wenn uns jeder Schritt
Schmerzen bereitet, weil wir ihn alleine gehen
müssen, ohne den anderen.
Eigentlich wollen wir gar nicht laufen, wir
wollen sitzen und warten, weil wir wissen, dass
jeder Schritt den anderen verletzt. Weil jeder
Schritt ohne den anderen eine Demütigung für
ihn ist und trotzdem gleichzeitig zu uns selbst
führt.

*

Wie eine streunende Katze,
heimatlos, alleine und ohne Rast
war ich unterwegs.
Jedem Kater, der mich an schnurrte,
gab ich mich hin, in der Hoffnung
angekommen zu sein.
Offen für jeden und alles,
dankbar für jede kleine Zuwendung,
die jedoch durch mich hindurchsah,
verlor ich mich selbst.
Bis ich dich traf, der mich ansah
und mir dabei den Blick öffnete für mich selbst.

*

Zwischen den Welten gefangen war ich ohne
dich.
Ein Spielball zwischen den Emotionen der
anderen und gleichzeitig war ich mittendrin im
Spiel und machte mit im Kampf, wer der Beste,
Größte und Stärkste ist.
Immer auf Spannung, immer in Habachtstellung
vor den Angriffen der anderen, deren Ziel es
genauso war wie meins, zu gewinnen.
Liebe und Zuneigung wurden nur dann
verschenkt, wenn es dem eigenen Ego nutzte,
um die eigene Scheinwelt aufrechtzuerhalten.
Wahre Meister im Kreieren von neuen Welten
waren wir, die jedoch nur auf unseren eigenen
Illusionen aufgebaut waren, um unseren
Schmerz der Trennung nicht fühlen zu müssen.
So waren wir gefangen, im Strudel von Raum
und Zeit, jeder sich selbst der Nächste und doch
so weit von sich selbst entfernt.
Bis du kamst, der mich wie eine Auster von
ihrer Schale aus Kampf und Behauptung
herauslöste und ich vollkommen nackt war,
bereit mich von dir verzehren zu lassen,
um eins zu werden mit mir selbst.

*

Die Exegese der Seele
Ausschnitte aus der „Exegese der Seele", aus
den Nag Hammadi Schriften, (Aus
„Unterdrückte Gebete" von Gerd Lüdemann und
Martina Janßen, Radius-Verlag, Stuttgart 1997)
die 1945 wieder gefunden wurden, nachdem sie
jemand im 4. Jh. n. Chr. versteckt hatte. Dieser
Text ist also mindestens 1600 Jahre alt.

„Solange sie sich allein beim Vater befand, war
sie eine Jungfrau und mannweiblich von Gestalt.
Aber als sie in einen Körper hinabgefallen und in
dieses Leben gekommen war, da geriet sie in die
Gewalt vieler Räuber. Und die Frevler warfen
sie sich gegenseitig zu und schändeten sie.
Die einen missbrauchten sie gewaltsam, während
andere so handelten, dass sie sie überredeten mit
einem verführerischen Geschenk. Kurz: Sie
wurde geschändet, und sie verlor ihre
Jungfräulichkeit. Und sie trieb Unzucht mit
ihrem Körper und gab sich einem jeden hin, weil
sie dachte, dass jeder, den sie zu umarmen im
Begriff war, ihr rechtmäßiger Ehemann sei.
Jedes Mal wenn sie sich den frevelhaften und
treulosen Ehebrechern hingegeben hatte, damit
sie sie missbrauchen konnten, da seufzte sie
schwer und bereute. Aber selbst wenn sie ihr
Gesicht von diesen Ehebrechern abwendet,
pflegt sie zu anderen zu laufen; und diese
zwingen sie, mit ihnen zu leben und ihnen zu
dienen auf ihrem Bett, als wären sie

ihre Herren. Aus Scham aber wagt sie es nicht
mehr, sie zu verlassen. Sie (die Ehebrecher) aber
täuschen sie eine lange Zeit dadurch, dass sie ihr
vorspielen, sie seien treue und wahre
Ehemänner, in der Art, als ob sie ihr große
Achtung entgegenbrächten. Und nach alledem
verlassen sie sie und gehen weg. Sie aber pflegt
eine arme Witwe zu werden, die keine Hilfe hat;
sie hat auch keinen, der sie anhört in ihrem Leid;
denn sie hatte von ihnen nichts erhalten außer
den Schändungen, die sie ihr zugefügt hatten, als
sie mit ihr Umgang hatten. Und die Kinder, die
sie mit den Ehebrechern hervorgebracht hat, sind
stumm und blind und krank. Ihr (sc. der Kinder)
Verstand ist verwirrt. Aber wenn der Vater, der
oben im Himmel ist, sie sucht und auf sie
herabblickt und sie seufzen sieht, -- mit ihren
Leiden und der Schande, -- und wie sie aus der
Unzucht, die sie getrieben hat, umkehrt, und wie
sie beginnt, seinen Namen anzurufen, damit er
ihr helfe, wobei sie mit ganzem Herzen ruft und
sagt: „Rette mich, mein Vater, denn siehe:
Ich will dir Rechenschaft ablegen, denn ich habe
mein Haus verlassen und bin aus meinem
Jungferngemach geflohen! Hole mich wieder zu
dir zurück!`` --, und wenn er sie sieht, dass sie in
diesem Zustand ist, dann wird er sie seines
Erbarmens würdig halten; denn zahlreich sind
die Schmerzen, die über sie gekommen sind,
weil sie ihr Haus verlassen hat. Wiederum steht
beim Propheten Hosea geschrieben: „Kommt,

geht ins Gericht mit eurer Mutter, denn sie wird
nicht meine Frau sein, und ich will nicht ihr
Ehemann sein. Ich werde ihre Unzucht von
meinem Angesicht entfernen, und ich werde
ihren Ehebruch aus der Mitte ihrer Brüste
wegreißen. Ich werde sie nackt machen wie an
dem Tag ihrer Geburt. Und ich werde sie wüst
machen wie ein Land ohne Wasser. Und ich
werde sie kinderlos machen durch Durst.
Ich werde mich ihrer Kinder nicht erbarmen,
denn sie sind Kinder der Unzucht, weil ihre
Mutter Unzucht getrieben und ihre Kinder in
Schande gebracht hat. Denn sie sagte: ‚Ich werde
mit meinen Liebhabern Unzucht treiben, denn
jene sind es, die mir mein Brot gaben und mein
Wasser und meine Kleider und meine Mäntel
und meinen Wein und mein Öl und alle Dinge,
die ich brauchte. Deswegen, siehe, werde ich sie
(sc. ihre Wege: LXX) verschließen, damit sie
nicht in der Lage ist, ihren Ehebrechern
nachzulaufen. Und wenn sie sie sucht und nicht
findet, wird sie sagen:“ Ich will zu meinem
ersten Ehemann zurückkehren, denn in jenen
Tagen ging es mir besser als jetzt.“
Solange die Seele hin- und herläuft, indem sie
mit jedem Geschlechtsverkehr hat, den sie trifft,
und sich selbst beschmutzt, gerät sie unter die
Leiden der für sie angemessenen Strafen.
Aber wenn sie die Schmerzen wahrnimmt, in
denen sie sich befindet, und zum Vater weint
und umkehrt, dann wird der Vater mit ihr

Erbarmen haben; er wird
ihren Mutterschoß (ab)wenden von denen der
Außenseite und wieder nach innen wenden, so
dass die Seele ihr Eigenes empfängt. Wenn sich
der Mutterschoß der Seele nun nach dem Willen
des Vaters nach innen wendet, wird er getauft
und wird sogleich von der äußeren Befleckung
rein, die auf ihn gepresst wurde, ganz wie die
schmutzigen Gewänder gewöhnlich in das
Wasser gelegt und hin und her gewendet werden,
bis ihr Schmutz herausgebracht ist und sie rein
werden. Die Reinigung der Seele aber besteht
darin, dass sie die Neuheit ihrer ursprünglichen
Natur empfängt, und dass sie sich wieder
zurückwendet, - das ist ihre Taufe.
Denn sie wird beginnen, auf sich selbst zornig zu
werden. Dies geschieht in der Art, wie die
Gebärenden in dem Moment, in dem sie ein
Kind zur Welt bringen, sich gegen sich zu
wenden pflegen im Zorn. Aber da sie eine Frau
ist, ist sie nicht in der Lage, allein ein Kind
hervorzubringen.
Der Vater sandte ihr aus dem Himmel ihren
Mann, der ihr Bruder ist, den Erstgeborenen.
Da kam der Bräutigam herab zur Braut. Sie gab
ihre frühere Unzucht auf, sie reinigte sich von
den Befleckungen der Ehebrecher.
Dann erneuerte sie sich aber, um eine Braut zu
sein. Sie reinigte sich im Brautgemach.
Sie füllte es mit Parfüm.Sie saß drinnen in
Erwartung ihres wahren Bräutigams.

Sie rannte nicht länger auf den Marktplatz,
indem sie mit jedem, den sie will,
Geschlechtsverkehr hat, sondern sie fuhr fort,
nach ihm Ausschau zu halten, weil sie nicht
wusste, an welchem Tage er kommen würde,
und sie fürchtete ihn; denn sie wusste nicht
mehr, wie er aussah. Sie erinnerte sich nicht
mehr an ihn seit der Zeit, als sie aus dem Haus
ihres Vaters fiel. Doch nach dem Willen des
Vaters träumte *...* sie von ihm wie eine Frau,
die einen Mann liebt. Da nun kam der Bräutigam
nach dem Willen des Vaters zu ihr herab in das
fertige Brautgemach. Und er schmückte das
Brautgemach. Denn jene Hochzeit ist nicht wie
die fleischliche Hochzeit, wo die, die im Begriff
sind, miteinander Verkehr zu haben,
Befriedigung zu erlangen pflegen durch jenen
Geschlechtsverkehr. Und Lasten vergleichbar
lassen sie die Unruhe der Begierde hinter sich,
und sie wenden sich von einander ab.
Aber diese pneumatische Hochzeit ist nicht von
dieser Art. Vielmehr gilt: Wenn sie sich
miteinander vereinigen, werden sie ein einziges
Leben. Deswegen sagte der Prophet über den
ersten Mann und die erste Frau: „Sie werden ein
einziges Fleisch werden.“
Denn sie waren im Anfang beim Vater
miteinander vereinigt, bevor die Frau den Mann
verließ, der ihr Bruder ist. Diese pneumatische
Hochzeit hat sie wieder miteinander verbunden.
Und die Seele vereinigte sich mit dem, den sie

wirklich liebt, ihrem naturgemäßen Herrn, wie es geschrieben steht: „Der Herr der Frau ist nämlich ihr Ehemann.

Nach und nach erkannte sie ihn, und sie freute sich wieder, wobei sie vor ihm weinte, als sie der Schande ihrer früheren Witwenschaft gedachte. Und sie schmückte sich noch mehr, damit er Gefallen daran finde, bei ihr zu bleiben.

Und der Prophet sagt in den Psalmen: „Höre, meine Tochter, und sieh und neige dein Ohr und vergiss dein Volk und das Haus deines Vaters, denn der König hat deine Schönheit begehrt, denn er ist dein Herr.

Er verlangt von ihr, dass sie ihr Antlitz von ihrem Volke und der Menge ihrer Ehebrecher abwende, in deren Mitte sie früher war, und sich allein an ihren König halte, ihren wahren Herrn; und dass sie das Haus ihres irdischen Vaters vergesse, bei dem es ihr schlecht erging, und sich an ihren Vater erinnere, der im Himmel ist. Als sich die Seele so wieder geschmückt hatte in ihrer Schönheit, traf sie ihren Geliebten.

Und auch er liebte sie. Und als sie sich mit ihm geschlechtlich vereinte, empfing sie den Samen von ihm -„das ist der Geist, der lebendig macht," damit sie durch ihn Kinder gebäre, die gut sind, und damit sie sie großziehe.

Denn dies ist das große, vollkommene Wunder der Geburt. Und so vollzieht sich diese Hochzeit nach dem Willen des Vaters. Es ist aber angemessen, dass die Seele sich selbst wieder

hervorbringt und wieder wird, wie sie früher
war. Die Seele bewegt sich durch sich selbst.
Und sie empfing daraufhin die göttliche
Natur vom Vater für ihre Erneuerung, damit man
sie wieder an den Ort versetzen kann, an dem sie
von Anfang an war. Das ist die Auferstehung
von den Toten. Das ist die Errettung aus
Gefangenschaft. Das ist der Aufstieg zum
Himmel. Das ist der Weg hinauf zum Vater.
Deswegen sagt der Prophet: „Meine Seele lobe
den Herrn, und alles, was in mir ist, seinen
heiligen Namen. Meine Seele lobe Gott, der
vergeben hat alle deine Ungesetzlichkeiten, der
geheilt hat alle deine Krankheiten, der dein
Leben aus dem Tod gerettet hat, der dich gekrönt
hat mit Barmherzigkeit, der dein Verlangen mit
guten Dingen gestillt hat. Deine Jugend wird neu
werden wie ein Adler."
Wenn sie nun neu geworden ist, wird sie
hinaufgehen, wobei sie den Vater und ihren
Bruder, durch den sie gerettet wurde, preist. So
wird die Seele durch die Wiedergeburt gerettet
werden. Dies aber vollzieht sich nicht durch
asketische Worte, auch nicht durch Künste oder
durch geschriebene Lehren. Vielmehr ist es die
Gnade des , vielmehr ist es das Geschenk des ..].
Denn dies ist eine himmlische Sache.
Deswegen rief der Erlöser aus: ‚Niemand kann
zu mir kommen, es sei denn, mein Vater zieht
ihn und bringt ihn zu mir, und ich selbst werde
ihn auferwecken am jüngsten Tag."